DUMONT

Michka, die stets ein unabhängiges Leben geführt hat, muss feststellen, dass sie nicht mehr allein leben kann. Geplagt von Albträumen glaubt sie ständig, wichtige Dinge zu verlieren. Tatsächlich verliert sie nach und nach Wörter, findet die richtigen nicht mehr und ersetzt sie durch ähnlich klingende. Die junge Marie, um die Michka sich oft gekümmert hat, bringt sie in einem Seniorenheim unter. Der alten Frau fällt es schwer, sich in der neuen Ordnung einzufinden. In hellen Momenten leidet sie unter dem Verlust ihrer Selbstständigkeit. Doch was Michka am meisten beschäftigt, ist die bisher vergebliche Suche nach einem Ehepaar, dem sie ihr Leben zu verdanken hat. Daher gibt Marie erneut eine Suchanzeige auf, und Michka hofft, ihre tiefe Dankbarkeit endlich übermitteln zu können.
Klarsichtig und scharfsinnig zeigt Delphine de Vigan, was uns am Ende bleibt: Zuneigung, Mitgefühl, Dankbarkeit.

Delphine de Vigan, geboren 1966, erreichte ihren endgültigen Durchbruch als Schriftstellerin mit dem Roman ›No & ich‹ (2007), für den sie mit dem Prix des Libraires und dem Prix Rotary International 2008 ausgezeichnet wurde. Ihr Roman ›Nach einer wahren Geschichte‹ (DuMont 2016) stand wochenlang auf der Bestsellerliste in Frankreich und erhielt 2015 den Prix Renaudot. Bei DuMont erschien zuletzt der Roman ›Ich hatte vergessen, dass ich verwundbar bin‹. Die Autorin lebt mit ihren Kindern in Paris.

Delphine de Vigan

Dankbarkeiten

Roman

Aus dem Französischen
von Doris Heinemann

DUMONT

»Wir lachen, wir stoßen an. In uns das Defilee der Verwundeten und Gequälten; wir schulden ihnen Erinnerung und Leben. Denn wer lebt, weiß, dass jeder Augenblick Leben ein goldener Strahl auf ein Meer dunkler Schatten ist, weiß Dank zu sagen.«

François Cheng, *Enfin le royaume*

»Wohin gehen die Wörter
Jene, die Widerstand leisten,
Die sich zurücknehmen,
Jene, die urteilen
Und vergiften? […]
Wohin gehen die Wörter,
Jene, die uns aufbauen und zerstören,
Jene, die uns retten,
Wenn alles flieht?«

La Grande Sophie

Marie

Haben Sie sich schon einmal gefragt, wie oft Sie am Tag Danke sagen? Danke für das Salz, für die aufgehaltene Tür, für die Auskunft.

Danke für das Rückgeld, fürs Baguette, das Päckchen Zigaretten.

Ein *Danke* aus Höflichkeit, dem gesellschaftlichen Umgang geschuldet, automatisch, mechanisch. Fast leer.

Manchmal wird es unterlassen.

Manchmal auch übertrieben betont: Dank dir. Danke für alles. Tausend Dank.

Vielen, vielen Dank.

Ein berufliches *Danke*: Danke für Ihre Antwort, Ihre Aufmerksamkeit, Ihre Mitarbeit.

Haben Sie sich schon einmal gefragt, wie oft Sie in Ihrem Leben wirklich Danke gesagt haben? Ein echtes Danke. Als Ausdruck Ihrer Dankbarkeit, Ihrer Anerkennung, der Schuld, in der Sie stehen.

Wem?

Dem Lehrer, der Sie an die Bücher herangeführt hat? Dem jungen Mann, der Ihnen geholfen hat, als Sie auf der Straße angegriffen wurden? Dem Arzt, der Ihnen das Leben gerettet hat?

Dem Leben selbst?

Heute ist eine alte Dame, die ich liebte, gestorben.

Ich habe oft gesagt: »Ich verdanke ihr enorm viel.« Oder: »Ohne sie wäre ich vielleicht nicht mehr am Leben.«

Ich habe gesagt: »Sie ist mir sehr wichtig.«

Wichtig sein, jemandem etwas schulden – bemisst sich so die Dankbarkeit?

Aber habe ich ihr genug gedankt? Habe ich ihr meine Dankbarkeit genug gezeigt? War ich ihr nah genug, war ich präsent und beständig genug?

Dann denke ich an die letzten Monate, an die letzten Stunden. An unsere Gespräche, unser Lächeln und unser Schweigen.

Mir kommen gemeinsam erlebte Momente in den Sinn. Manche sind vergessen. Die ich verpasst habe, werden erfunden.

Ich versuche, mich an den Tag zu erinnern, als mir klar wurde, dass etwas gekippt war, dass unsere Zeit von nun an bemessen sein würde.

Es kam plötzlich. Von einem Tag auf den anderen.

Ich will nicht behaupten, dass es keine Vorzeichen gab. Manchmal blieb Michka ratlos mitten in ihrem Wohnzimmer stehen, als wüsste sie nicht mehr, was sie als Nächstes tun sollte, als wäre ihr das so oft wiederholte Ritual plötzlich entfallen. Manchmal auch stockte sie mitten im Satz, stieß im wahrsten Sinne des Wortes gegen etwas Unsichtbares. Sie suchte nach einem Wort und traf auf ein anderes. Oder aber sie traf auf nichts als Leere, auf eine Falle, die sie umgehen musste. Doch während dieser ganzen Zeit lebte sie allein in ihrer Wohnung. Selbstständig. Sie las weiterhin, sah weiterhin fern und empfing weiterhin gelegentlich Besuch.

Und dann kam jener Herbsttag, der sich durch nichts angekündigt hatte.

Vorher ging es. Danach ging es nicht mehr.

Ich stelle sie mir in ihrer Wohnung mit den niedrigen Decken vor, sie ist allein, sitzt in ihrem Sessel. Die Vorhänge hinter ihr sind zugezogen, doch durch den Spalt zwischen ihnen erahnt man das Nachmittagslicht. Die Farbe der Wände ist ein wenig vergilbt. Die Möbel, die Bilder, die Ziergegenstände in den Regalen, alles in ihrer Umgebung scheint aus einer fernen Zeit zu stammen.

Sie heißt Michka. Eine alte Dame mit dem Habitus eines

jungen Mädchens. Oder ein junges Mädchen, das versehentlich, durch ein böses Schicksal, alt geworden ist. Ihre knotigen langen Hände umklammern die Armlehnen des Sessels, als drohte ein Kentern.

Plötzlich durchschneiden mehrere Piepstöne die Stille. Michka wirkt erstaunt, sieht sich suchend in ihrer Umgebung um und betrachtet dann das Armband an ihrem Handgelenk, als könnte dieser seltsame und hässliche Gegenstand, den sie jetzt nach langem Zureden endlich trägt, der Ursprung dieser Töne sein.

Dann ist im Raum die Stimme der Mitarbeiterin der Notrufzentrale zu hören.

»Guten Tag, Madame Seld, hier ist Muriel von der Notrufzentrale, Sie haben den Alarmknopf gedrückt?«

»Ja …«

»Sind Sie gestürzt?«

»O nein.«

»Fühlen Sie sich nicht gut?«

»Nicht besonders.«

»Könnten Sie mir das ein bisschen genauer erklären?«

»Ich habe Angst.«

»Können Sie mir sagen, wo Sie sind, Madame Seld?«

»Im Wohnzimmer.«

»Sind Sie verletzt?«

»Nein, aber … Ich verliere gerade.«

»Sie haben etwas verloren?«

Michka klammert sich noch fester an die Armlehnen, ihr ist, als würde der Sessel unter ihrem Gewicht schwanken, aber vielleicht verliert sie auch gerade den Boden unter den Füßen. Sie antwortet nicht.

»Sitzen Sie?«

»Ja, ich sitze in meinem Sessel. Aber ich kann mich nicht mehr bewegen.«

»Sie können nicht mehr aufstehen?«

»Nein.«

»Seit wann sitzen Sie in Ihrem Sessel, Madame Seld?«

»Ich weiß nicht, seit heute Morgen, glaube ich. Nach dem Frühstück habe ich mich wie versöhnlich hingesetzt, um meine Kreuzworträtsel zu lösen. Aber mir ist nichts eingefallen. Und dann. Dann … dann wollte ich … Ich konnte nicht aufstehen … Ich verliere alles, daran liegt es.«

»Was haben Sie verloren, Madame Seld?«

»Man kann es nicht sehen. Aber ich spüre es. Es zerreißt sich … Es entzieht sich.«

»Können Sie Ihre Beine bewegen, Madame Seld?«

»Nein, nein, das kann ich nicht mehr. Es ist aus. Ich habe Angst.«

»Können Sie wirklich nicht aufstehen?«

»Nein.«

»Haben Sie heute zu Mittag gegessen?«

»Nicht so richtig.«

»Sie sitzen also seit heute Morgen in Ihrem Sessel und haben sich nicht von da weggerührt?«

»Ja, so ist es.«

»Ich werde einen Ihrer Angehörigen auf der Liste anrufen. Sind Sie damit einverstanden?«

»Ja.«

Ich bin sicher, dass Michka hörte, wie die Finger der Frau in der Notrufzentrale hastig über die Tasten glitten.

»Hier steht eine Mademoiselle Marie Chapier. Soll ich sie anrufen?«

»Ich weiß nicht …«

»Ist das Ihre Tochter?«

»Nein.«

»Möchten Sie, dass ich sie anrufe?«

»Ja bitte. Sagen Sie ihr, dass ich sie nicht … stöbern will, aber es wäre, weil ich gerade etwas verliere, etwas Wichtiges.«

Anstelle von Muriels Stimme ist Supermarktmusik zu hören. Michka rührt sich nicht, starrt geradeaus, in dieser Haltung konzentrierten Wartens, die ich gut kenne. Nach wenigen Sekunden ist die Mitarbeiterin der Notrufzentrale wieder da.

»Madame Seld, hören Sie mich?«

»Ja.«

»Marie kommt gleich zu Ihnen. Sie sagt, in zwanzig bis fünfundzwanzig Minuten ist sie bei Ihnen. Sie sagt auch Ihrem Hausarzt Bescheid.«

»Oje.«

Sie hat das »Oje« in genau dem Ton gesagt, in dem man »okay« sagen würde.

»Ist etwas passiert?«

»Nein, nein, alles gut.«

»Ich bin ganz in Ihrer Nähe, Madame Seld. Ich arbeite jetzt weiter, aber wenn Sie sich nicht gut fühlen, dann drücken Sie wieder auf den Knopf, und dann haben Sie sofort mich in der Leitung, okay?«

»Ja, oje. Danke.«

Michka sitzt weiter da, die Hände auf den Armlehnen. Sie versucht, ihre Atmung zu beruhigen.

Sie schließt die Augen.

Nach einigen Augenblicken hört sie die Stimme eines kleinen Mädchens.

Darf ich bei dir schlafen? Lässt du das Licht an? Bleibst du da? Kannst du die Tür offen lassen? Bleibst du bei mir?

Sie lächelt. Die Stimme des kleinen Mädchens ist eine zugleich schöne und schmerzliche Erinnerung.

Können wir beide zusammen frühstücken? Hast du etwa Angst? Weißt du, wo meine Schule ist? Und du lässt bestimmt das Licht an? Kommst du mit mir, wenn Maman nicht kann?

Ich klingelte kurz und steckte sofort den Schlüssel ins Schloss.

Ich betrat den Raum und fand sie dort, an ihren Sessel geklammert, als würde der inzwischen von der Strömung davongetragen.

Ich ging auf sie zu und umarmte sie. Ich nahm den süßlichen Duft ihres Haarsprays wahr, der für mich bis heute nichts von seiner Macht, Erinnerungen zu wecken, eingebüßt hat.

»Na, Michka, was ist los?«

»Ich weiß nicht. Ich habe Angst.«

»Ich helfe dir beim Aufstehen, okay?«

»Nein, o nein.«

»Aber Michk', ich war doch vor drei Tagen da, und da konntest du mit deinem Stock noch ganz gut gehen. Ich bin sicher, dass du aufstehen kannst.«

Ich legte den Arm um sie, um ihr beim Aufstehen zu helfen. Sie stützte sich auf die Armlehnen, um Schwung zu holen. Und stand dann zu ihrer eigenen Überraschung auf den Beinen, ein wenig schwankend zwar, aber doch imstande, sich aufrecht zu halten.

»Siehst du …«

»Habe ich dir erzählt, dass ich im Wohnzimmer hingefallen bin?«

»Ja, Michka, das hast du mir erzählt.«

»Ganz blöd mit dem Topf voran.«

Ich reichte ihr den Stock und stellte mich auf die andere Seite, damit sie sich bei mir einhaken konnte.

»Und jetzt vorwärts!«

»Aber vorsichtig, ja …«

»Du bist sicher ganz ausgehungert …«

Wir machten uns auf den Weg in die Küche. Sie klammerte sich an mich und machte sehr kleine Schritte. Ich spürte, wie sie nach und nach wieder Vertrauen zu sich fasste.

»Gar nicht so schlechter …«

Doch ab jenem Tag konnte Michka nicht mehr allein bleiben.

In einem unpersönlichen Raum sitzt Michka vor einem Schreibtisch, auf dem hohe Aktenstapel zu sehen sind. Der große schwarze Ledersessel hinter dem Schreibtisch ist leer.

Als wollte sie sich selbst Mut machen, singt sie ein Lied.

Pauvre soldat revient de guerre,
Tout doux.
Pauvre soldat revient de guerre,
Tout doux.
Mal équipé, tout mal vêtu,
Un pied chaussé et l'autre nu,
Tout doux.
S'en va trouver dame l'hôtesse,
Tout doux.
»Qu'on apporte ici du vin blanc
Que le soldat boive en passant!«
Tout doux.[1]

Eine streng wirkende Frau betritt den Raum. Sie trägt eine riesige Aktenmappe, die sie hart auf den Tisch fallen lässt. Ohne jedes Lächeln sieht sie Michka an. Sie hat große, dunkel lackierte Fingernägel. Sie setzt sich auf den Lederstuhl und wendet sich sehr kühl an Michka.

»Würden Sie sich bitte vorstellen, Madame Seld.«

»Nun ja … Ich heiße Michèle Seld, aber man nennt mich Michka.«

»Sehr schön. Sind Sie verheiratet?«

»Nein.«

»Haben Sie Kinder?«

»Nein.«

Lastendes Schweigen breitet sich aus. Die Direktorin erwartet genauere Erklärungen.

»Ich … ich bin beruflich viel unterwegs gewesen. Ich habe Fotoreportagen für Zeitschriften gemacht. Und später dann für eine Zeitung als Korrektorin gearbeitet. Ich habe die Artikel Korrektur gelesen. Nichts entging mir: Satzfehler, Syntaxfehler, Konjugationsfehler, Wiederholungen …«

Die Direktorin unterbricht sie.

»Aus welchem Grund möchten Sie Ihren derzeitigen Posten verlassen?«

Michka versteht die Frage nicht. Sie kann das Aufflackern von Panik in ihrem Blick nicht unterdrücken. Sie sieht sich nach jemandem um, der ihr helfen könnte, doch sie ist allein mit dieser Frau, die ungeduldig mit den Fingern auf den Tisch trommelt, weil die Antwort auf sich warten lässt. Die Fingernägel erzeugen auf der Resopaloberfläche eine Art mattes Hageln.

»Nun, ich muss Ihnen sagen, dass ich schon seit Langem im Ruhestand bin.«

Die Frau lacht, das Lachen ist schwer zu deuten. Dann seufzt sie hörbar.

»Ich will Ihnen die Frage anders stellen, Madame Seld: Aus welchem Grund interessieren Sie sich für unser Haus?«

»Vielleicht habe ich mich im Zimmer geirrt ... Das heißt, im Büro. Ich wusste nicht, dass ich hier durchmusste, ich meine, dass ich das hier machen muss.«

Die Direktorin verbirgt ihre Gereiztheit nicht länger.

»Madame Seld, Sie absolvieren gerade ein Bewerbungsgespräch, um in eine Einrichtung für betreuungsbedürftige alte Menschen aufgenommen zu werden. (Ihre Stimme wird mit jedem Wort unfreundlicher.) Sie müssen sich hier von Ihrer besten Seite zeigen, denn wir erhalten unzählige Bewerbungen, daran muss ich Sie wohl nicht erinnern.«

»Nein, nein ... Natürlich, ich verstehe. Aber ich habe mich nicht vorbereitet, ich wusste nicht, dass ich ein Bewerbungsgespräch absolvieren muss.«

Die Direktorin gerät in Wut.

»Aber was glauben Sie denn, Madame Seld? Dass wir hier jeden Dahergelaufenen einfach so aufnehmen? Träumen Sie weiter! Hier gibt es nicht genug Platz für alle, das wissen Sie ganz genau! Kein Platz! Das gilt übrigens überall! Was immer Sie machen, Sie müssen Tests, Gespräche, Aufnahmeverfahren, Prüfungen, Anhörungen, Wettbewerbe und Verhöre durchmachen! Sie müssen Engagement, Teamgeist, Motivation und Entschlossenheit zeigen! In der Schule, bei der Arbeit, an der Universität, überall, Madame Seld, ja, überall, überall, überall müssen wir sieben, selektionieren und auswählen! Es bleibt uns gar nichts anderes übrig! Die Spreu vom Weizen trennen, selbst in den Altenheimen! So ist das Leben, ich habe die Regeln nicht gemacht, ich wende sie nur an!«

Michka wirkt beeindruckt.

»Sie meinen also, ich muss mich hier beweisen?«

»Genau: Welche Stärken haben Sie, was ist Ihr schlimmster Schwachpunkt, wo sehen Sie Ihre Verbesserungsmöglichkeiten, wie groß ist Ihre Fortschrittsrate, und wo liegt Ihr Vervollkommnungsindex?«

»Ich bin eine alte Dame, müssen Sie wissen.«

»Und genau das ist das Problem, Madame Seld.«

»Es ist nämlich so ... Ich kann nicht mehr in meiner Wohnung bleiben. Ich habe Angst. Ich verliere Dinge ... Ich habe Angst, dass es schlimmer wird.«

Die Frau seufzt noch einmal. Demonstrativ.

»Sie machen mir die Arbeit nicht leicht. Können Sie tanzen?«

»Ja, ein bisschen.«

»Zeigen Sie mal.«

Michka steht auf. Anfangs noch zögerlich, entfernt sie sich vom Schreibtisch. Mit den Bewegungen eines kleinen Mädchens fängt sie an zu tanzen. Sie hebt die Arme leicht gebogen über den Kopf und dreht sich um sich selbst. Dann stellt sie sich auf die Zehenspitzen, sie ist anmutig. Nach und nach wird ihr Körper biegsamer, sie gibt sich dem Tanz hin und tanzt immer besser, ihre Gesten werden flüssiger, sie lächelt.

Jetzt könnte man sie für ein junges Mädchen halten, die Bewegungen sind präzise und beherrscht. Sie strahlt.

Die Frau macht sich eine Notiz in ihre Aktenmappe. Dann steht sie wortlos auf und verlässt den Raum.

Michka bleibt allein zurück, mitten in einem Lichtkreis, und tanzt ganz für sich allein weiter.

Dann tritt sie in den Schatten und verschwindet.

Mehrmals erzählte sie von diesen Träumen. Es gab Varianten. Entweder weil die Erinnerung nach und nach genauer wurde oder weil sie einzelne Details hinzufügte, die sie für eindrücklicher hielt, damit wir – die wir nach Belieben kamen und gingen, die wir noch voll und ganz über unsere Fähigkeiten verfügten – das Gefühl panischer Angst begreifen konnten, das sie in Besitz nahm.

Der Tag des Aufnahmegesprächs ist gekommen. Michka sitzt auf demselben Platz wie in ihrem Traum. Aber ich bin ebenfalls da, neben ihr.

Wir sitzen beide vor dem Schreibtisch und warten auf die Heimleiterin. Michka ist so angespannt wie vor einer wichtigen mündlichen Prüfung.

»Keine Sorge, Michk', es wird schon gehen. Ihr sollt euch doch bloß ein wenig kennenlernen.«

»Bist du sicher, dass ich hier kein ... Durchleuchtungsgespräch durchmachen muss? Dass ich mich nicht beweinen muss, damit ... sie mich nehmen?«

»Bestimmt nicht. Du wirst schon sehen.«

Ich lächle sie an. Ihr Gesicht scheint sich ein wenig zu entspannen. Sie nutzt diesen Moment, um mich mit übertrieben gespielter Verblüffung anzusehen.

»Machst du was mit deinen Haaren?«

»Ja, Michk', ich mache was mit meinen Haaren.«

Eine Frau betritt das Büro. Sie ist freundlich und liebenswürdig, ihre Kleidung ist hell.

Die Frau legt ein Aktenstück vor sich auf den Tisch.

Dann wendet sie sich an Michka.

»Wenn ich recht verstanden habe, Madame Seld, kamen Sie bis vor wenigen Wochen noch ganz allein zurecht.«

Michka nickt vorsichtig, sie ist auf der Hut.

»Doch jetzt können Sie gar nicht mehr allein bleiben … Ihr Arzt sagt, dass Sie in den letzten Monaten mehrmals gestürzt sind, einmal so schwer, dass Sie kurz ins Krankenhaus mussten. Sie leiden unter Schwindel, das trägt natürlich zu Ihren Ängsten und Ihren Schwierigkeiten, sich in Ihrer Wohnung zu bewegen, bei.«

Michka stimmt mit einer leichten Kinnbewegung zu. Die Dame überfliegt weiter die Akte.

»Gehen Sie nach draußen?«

»Ja, ein bisschen, mit Marie. Einmal in der Woche. Früher habe ich Balkonwanderungen gemacht, aber das schaffe ich jetzt nicht mehr.«

»Balkonwanderungen?«

»Ja, hin und schwer, wie ein Häftling … Zehn Längen und manchmal sogar zwanzig, wenn ich gut in Form war. Jede Länge umfasst zehn Schritte, dann noch zwei in der Breite, also zwölf, Sie können es leicht … auszahlen.«

Die Heimleiterin betrachtet Michka, sie versucht abzuschätzen, wie viel Selbstironie in ihren Worten steckt. Aber da ist keine. Michka ist stolz: Hundertzwanzig Schritte am Tag, das ist doch immerhin etwas.

Dann sieht die Heimleiterin mich an, wie man den Stab beim Staffellauf weiterreicht, ich soll fortfahren.

»Wenn ich sie besuche, versuchen wir immer, draußen einen Spaziergang zu machen, aber Michka wird immer ängstlicher, weil sie so oft gestürzt ist und weil alles, was sich rings um sie bewegt, zu schnell für sie ist: die Kinder und die Leute, die es eilig haben.«

»Haben Sie über eine ambulante Betreuung zu Hause nachgedacht?«

»Ja, natürlich. Aber das Problem ist, dass wir Tag und Nacht jemanden bräuchten. Michka kann nicht mehr allein bleiben. Gar nicht mehr. Sie hat Angst.«

Michka fügt hinzu:

»Nachts … kommen die Albträume.«

»Ich habe mir überlegt, dass sie zu mir ziehen könnte, aber davon will sie nichts hören.«

»Es ist im sechsten Stock ohne Aufschub, und außerdem hat Marie nicht den geringsten Grund, sich um mich zu kümmern!«

Die Heimleiterin schaut mich fragend an. Doch ich sehe Michka an, und ich will, dass auch sie mich ansieht. Ich warte, bis sie den Blick ihrer verblassten Augen bis zu mir hat hochwandern lassen und mich ansieht.

»O doch, Michk', das ist es eben, es gibt eine ganze Reihe von Gründen.«

»Nein. Das kommt nicht in Klage. Weißt du, alte Leute sind eine große Last. Und das wird nicht besser. Ich weiß genau, wie so etwas absäuft, glaub mir.«

Die Heimleiterin sieht uns beide prüfend an, dann wendet sie sich an mich.

»Und deshalb haben Sie sich im Augenblick bei Madame Seld einquartiert?«

»Ja, jedenfalls nachts. Für tagsüber habe ich jemanden gefunden, der mich ablöst, wenn ich zur Arbeit muss.«

»Ich rufe Sie an, sobald ein Zimmer frei wird. Wir sind in Kontakt mit dem Hausarzt, der Ihren Antrag unterstützt.

Wahrscheinlich ist es bald so weit, aber ich kann Ihnen keine genaue Zeit nennen. Es hängt davon ab, wann … jemand geht.«

Die Heimleiterin erhebt sich. Michka sieht mich an und wartet auf ein Zeichen von mir. Ich helfe ihr beim Aufstehen und gebe ihr den Stock in die Hand.

Mit kleinen Schritten verlassen wir den Raum.

Sie zieht ihre Wohnungstür hinter sich ins Schloss, diese Tür, die sie Hunderte Male geschlossen hat, doch heute weiß sie, dass sie es zum letzten Mal tut. Sie besteht darauf, selbst abzuschließen. Sie weiß, dass sie nicht zurückkehren wird. Sie wird all diese Handgriffe nie mehr verrichten, die sie Hunderte Male wiederholt hat, den Fernseher einschalten, den Bettüberwurf glatt streichen, die Bratpfanne spülen, die Rollos wegen der Sonne herunterziehen, ihren Morgenmantel an den Kleiderhaken im Badezimmer hängen oder auf die Sofakissen klopfen, damit sie wieder eine Form annehmen, die sie längst verloren haben. Sie hat die Möbel, das Bett, das Tonbandgerät, die Kochtöpfe und den Toaster verschenkt. Behalten hat sie einige Bücher, die Fotoalben, etwa dreißig Briefe und die Papiere, die man aus behördlichen Gründen nicht wegwerfen darf. Doch in Wirklichkeit, das weiß sie, hat sie die Anker gelichtet.

Michka hat gerade ihr neues Zimmer in Besitz genommen. Das Mobiliar ist einfach: Bett, Nachttisch, Stuhl, Schreibtisch, Schrank. Resopal, Plastik, helles Holz. Sanfte Pastellfarben. Standardausstattung in guter Qualität. Sie sitzt im einzigen Sessel, während ich noch die letzten Sachen wegräume. Sie sieht sich um, betrachtet die sauberen leeren Wände, die geblümten Vorhänge. Ich kann ihr ihre Verdrossenheit deutlich ansehen. Sie ist in keiner guten Stimmung.

»Keine Sorge, du kannst es ja noch ein bisschen dekorieren. Wir hängen ein paar Bilder an die Wände und stellen einen hübschen Blumentopf auf den Tisch.«

»Und wozu?«

»Damit es ein bisschen gemütlicher wird.«

»Wir werden aber trotzdem niemandem vormachen können, das hier wäre mein Zuhause!«

»Natürlich nicht, Michk', aber deshalb muss es doch nicht doof aussehen. Immerhin wirst du hier eine ganze Weile bleiben.«

»Tja, das werden wir ja sehen.«

(Ich weiß nicht, ob sie auf einen Heimwechsel anspielt oder auf einen endgültigeren Weggang.) Sie wirkt so wie an ihren schlechten Tagen. Plötzlich belebt sich ihr Blick.

»Hast du die Flasche in meiner Tasche gefunden?«

»Welche Flasche?«

»Meinen Whisky.«

»Ja, ja, die ist da. Aber es ist vielleicht ein bisschen unvernünftig, Michk', wegen der Stürze und so … Bist du sicher, dass du sie hierbehalten willst?«

»Ach was, ich trinke abends ein paar Hopfen in einem winzigen Glas, das wird mich schon nicht umbringen. Stellst du sie mir bitte in den Spund? Nicht zu weit oben und nicht zu weit unten, hinter die Kleidungsstücke, bitte, und dann ist alles gut.«

»Bist du sicher, dass es erlaubt ist?«

»Nicht besonders. Aber das ist mir schippe. Wir sind hier doch nicht bei der Armee.«

Ich hole die Flasche heraus, die ich absichtlich in der Tasche gelassen habe, und halte mich beim Verstauen im Schrank möglichst genau an ihre Anweisungen.

»Nein, nicht so hoch! Da, genau darunter. Hinter die Bullis … die Pullis, ja, so ist es gut.«

Für einen winzigen Moment wirkt sie zufrieden.

Ich stelle den Stuhl neben ihren Sessel, während sie in dem Heft für die Neuankömmlinge blättert. Ich kenne sie, sie sucht nach etwas, worüber sie schimpfen kann.

»Um 12 Uhr Mittagessen, 16 Uhr Nachmittagsimbiss, um 18 Uhr 30 Abendessen … Hier herrscht ja ein wüstes Leben!«

Ich lächele.

»Die wirken ziemlich alt, oder? Hast du die Frauen im Aufenthaltsraum gesehen? Die in den Roll… Rollstühlen. Die sind längst über das Seniorenalter hinaus.«

»Ich weiß nicht, Michk', wahrscheinlich gibt es große Unterschiede. Die Leute sind aus ganz unterschiedlichen Gründen hier, und du gehörst nicht zu den Ältesten.«

»Ach so.« (Sie wirkt beruhigt.) »Weißt du, es ist doch ziemlich seltsam für mich.«

»Das kann ich mir vorstellen, Michk'.«

Das stimmt nicht. Ich kann mir gar nichts vorstellen. Denn es ist unvorstellbar. Ich lege meinen Arm auf ihren. Ich suche nach Worten, möchte ihr etwas Tröstendes sagen – »Die Damen sind nett«, oder »Ich bin sicher, du findest hier Freundinnen«, oder »Es gibt hier ziemlich viele Freizeitangebote« –, doch jeder dieser Sätze wäre eine Beleidigung für die Frau, die sie gewesen ist.

Also sage ich nichts.

Ich begnüge mich damit, bei ihr zu bleiben.

Sie legt sich aufs Bett und fällt in leichten Schlaf.

Einige Minuten später betritt eine Frau das Zimmer und bietet ihr einen Imbiss an. Einen *kleinen* Apfelsaft mit einem Strohhälmchen und einen *kleinen* Kuchen in einem Beutelchen. Wie im Ferienlager.

Das erwartet dich also, Michk': kleine Schritte, kleine Schläfchen, kleine Imbisschen, kleine Spaziergänge, kleine Besuche.

Ein reduziertes, eingeengtes, aber perfekt organisiertes Leben.

Ich versuche, öfter anzurufen.

Aber am Telefon ist es schwieriger. Sie hört schlecht und verliert schnell den Faden. Das Gespräch fällt daher trotz meiner Bemühungen in sich zusammen, wird ritualisierter und verliert an Inhalt. Ihre Stimme erscheint mir plötzlich so fern. Ich kämpfe dagegen an, aber es hilft nichts, am Ende rede ich mit ihr immer wie mit einem Kind, und das zerreißt mir das Herz, denn ich weiß, was für eine Art Frau sie war, ich weiß, dass sie Doris Lessing, Sylvia Plath und Virginia Woolf gelesen hat, dass sie ihr *Le Monde*-Abonnement behalten hat und weiterhin jeden Tag die ganze Zeitung durchsieht, auch wenn sie nur noch die Überschriften liest.

Aber ich frage: Hast du gut geschlafen? Hast du gut gegessen? Läuft es gut? Hast du ein bisschen lesen können? Hast du ferngesehen? Hast du Bekannte gefunden? Bist du in deinem Zimmer geblieben? Warst du nicht im Filmclub?

Und statt mir zu sagen, lass mich in Frieden, geh irgendwo was auf mein Wohl trinken und tanz auf den Tischen, antwortet sie sehr entgegenkommend auf jede meiner Fragen. Sie gibt sich Mühe, sucht nach den Wörtern.

Wenn ich auflege, ist es meine eigene Hilflosigkeit, die mich überfällt und mir die Sprache raubt.

Jérôme

Ich habe mehrmals geklopft, aber sie hat mich nicht gehört.

Sie ist allein in ihrem Zimmer.

Sie sucht etwas.

Immer wieder öffnet sie den Schrank und dann die Schreibtischschubladen. Sie hebt die Zeitschriften hoch, die auf dem Nachttisch liegen. Sie wirkt ratlos. Und dann fängt sie von vorn an: Schrank, Schubladen, Nachttisch. Sie sieht sich um, sucht einen Ort, wo sie noch suchen könnte.

Plötzlich legt sie ihren Stock aufs Bett und stützt sich dann auf der Matratze ab, um auf die Knie zu gehen. Sie will unter dem Bett nachsehen. Die Haltung scheint ihr Schmerzen zu bereiten, also legt sie sich flach auf den Bauch, den Kopf unter dem Bett.

So treffe ich sie bei unserer ersten Begegnung an.

»Guten Tag, Madame Seld, ich bin Jérôme, der Logopäde.«

Fast hätte sie sich den Kopf am Bettrahmen gestoßen, ich gehe zu ihr, um ihr beim Aufstehen zu helfen.

»Ich helfe Ihnen.«

Was in Anbetracht ihrer jetzigen kühnen Position, halb unter dem Bett, halb davor, gar nicht so einfach ist.

»Bleiben Sie liegen, Madame Seld, ja, so, auch die Arme. Ich werde mir erlauben, Sie ein kleines Stückchen herauszuziehen, damit Sie aufstehen können. Nicht bewegen ... Achtung, jetzt ziehe ich ein bisschen ... Hoppla, ja, nicht schlecht ... Achtung ... Nicht den Kopf heben ... Ich ziehe Sie noch ein Stückchen, ja, jetzt haben wir es geschafft.«

Mühsam dreht sie sich noch im Liegen auf die Seite, um mich anzusehen.

»Ah, guten Tag.«

Sie schüttelt mir die Hand, als wäre das alles völlig normal: sie auf dem Linoleumboden, unfähig, allein aufzustehen, und ich neben ihr kauernd. In einer Zehntelsekunde scannt mich ihr Blick, ihre Augen zucken.

Ich helfe ihr, sich aufzusetzen und dann aufzustehen. Das dauert ein wenig, sie bewegt sich vorsichtig, ich auch.

Sie bedeutet mir, ich solle ihr ihren Stock geben, ich tue es.

Dann lächelt sie mich ein wenig schuldbewusst an.

»Nennen Sie mich Michka ...«

»Sehr gern.«

»›Madame Seld‹ hier, ›Madame Seld‹ da, ach wissen Sie, es ist traurig, mit Menschen zusammenzuleben, die einen nie mit dem Vornamen anreden.«

Ihre Lebhaftigkeit überrascht mich.

»Ich verstehe. Ich werde Sie Michka nennen, versprochen. Haben Sie etwas gesucht?«

»Ja, weil nämlich ... Ich verliere viel ... Es geht so schnell. Ich spüre fast andauernd, dass ich etwas verliere, aber ich finde es nicht, und ... das macht mir Angst. Ich würde Ihnen zusätzlich sagen, aber ... das hindert mich, verstehen Sie?«

»In Ihrer Akte habe ich gelesen, dass Sie an einer beginnenden Aphasie leiden. Der Arzt hat es Ihnen sicher erklärt. Das bedeutet, Sie haben Schwierigkeiten, die richtigen Wörter zu finden. Manchmal fallen sie Ihnen gar nicht ein, und manchmal ersetzen Sie sie durch andere. Das ist nicht immer gleich, es hängt auch davon ab, ob sie vielleicht aufgeregt oder müde sind …«

»Aha. Wenn Sie es sagen.«

»Haben Sie vielleicht nach den Wörtern gesucht, Michka?«

»Ja, das ist nötlich.«

»Ich bin Logopäde, wissen Sie, was das ist?«

»Ja, natürlich. Ich war Korrektorin in einem großen … Magazin. Viele Jahre lang.«

»Wunderbar. Wir beide werden bestimmt gut zusammenarbeiten. Wir werden Übungen machen, Rätsel lösen und solche Sachen.«

Sie betrachtet mich. Völlig ungeniert mustert sie mich vom Kopf bis zu den Füßen und von den Füßen bis zum Kopf, als müsste sie auf der Stelle entscheiden, ob sie mich in ihren Zeitplan aufnehmen soll oder lieber nicht. Dann sagt sie abschließend in genau dem Ton, in dem man »okay« sagen würde:

»Oje.«

Ich kann nicht anders, ich lache, und sie lacht mit. Einige Sekunden lang lachen wir beide aus Lust am Lachen.

Und dann verebbt das Lachen.

»Wo findet das statt?«

»Was denn?«

»Die Spiele?«

»Die finden hier in Ihrem Zimmer statt, Madame … Michka. Ich komme ein- bis zweimal pro Woche, dienstags und donnerstags.«

»Ach ja, in meinem Zimmer, das ist sehr gut.«

Eine kleine Weile lang denkt sie nach.

»Habe ich Ihnen gesagt, dass ich Albträume habe?«

»Nein, das haben Sie mir nicht gesagt.«

»Könnte ich Ihnen die erzählen, wenn Sie kommen?«

»O ja, gern. Also bis morgen? Morgen ist Dienstag.«

»Ja, in Ordnung.«

Wenn ich ihnen zum ersten Mal begegne, suche ich immer nach demselben Bild, dem des Vorher. Hinter ihrem vagen Blick, den unsicheren Gesten, der gebeugten oder gekrümmten Gestalt suche ich, wie man unter einem Filzstiftgekritzel die ursprüngliche Zeichnung zu erahnen versuchen würde, den jungen Mann oder die junge Frau, die sie einmal waren. Ich betrachte sie und denke: Auch sie, auch er hat geliebt, geschrien, Lust empfunden, getaucht, auf der Treppe immer mehrere Stufen auf einmal genommen, die Nacht durchgetanzt und ist gerannt, bis ihr oder ihm die Luft wegblieb. Auch sie, auch er ist mit dem Zug oder der Metro gefahren, auf dem Land oder in den Bergen gewandert, hat Wein getrunken, lange ausgeschlafen und wild diskutiert. Dieser Gedanke rührt mich. Ich kann nicht anders, ich forsche nach diesem Bild und versuche, es wieder zum Leben zu erwecken.

Ich sehe gern Fotos von ihnen, auf denen sie in die Kamera schauten und noch nicht die geringste Ahnung von den Schäden hatten, die sie davontragen würden – oder als diese Vorstellung rein theoretisch war –, als sie sich gerade hielten und keine Stütze brauchten. Ich sehe sie gern *in ihren besten Jahren* vor mir, aber wann ist man in den besten Jahren? Mit zwanzig? Dreißig? Vierzig?

Manchmal ist es unmöglich, eine Verbindung zwischen

der jungen Frau oder dem jungen Mann auf dem Foto und dem Menschen, der vor mir sitzt, herzustellen. Selbst mit dem äußersten Scharfblick, dem äußersten Unterscheidungsvermögen, nein, nichts scheint diese beiden Körper miteinander zu verbinden: den leichten, stolzen Körper der Jugend und den verformten, zusammengesunkenen Körper des Altenheims.

Ich sehe die Fotos an und sage: »Man erkennt Sie auf den ersten Blick, Madame Ermont!«, oder: »Sie waren wirklich ein schöner Mann, Monsieur Terdian!«

Anfangs schrie eine Stimme in meinem Kopf: Aber was ist nur geschehen? Wie ist das möglich? Ist es wirklich das, was uns *alle* erwartet, ausnahmslos? Gibt es keine Abzweigung, keine Umgehungs- oder Nebenstrecke, um dieser Katastrophe zu entkommen?

Anfangs arbeitete ich mit ganz unterschiedlichen Patienten, Kindern, Erwachsenen, Alten. Und dann hat sich nach und nach der wesentliche Teil meiner Arbeitszeit auf die Altenheime konzentriert. Ich könnte nicht sagen, dass ich mich dafür entschieden hätte. Es ist einfach so gekommen. Gelegenheiten. Und eine Art Selbstverständlichkeit. Inzwischen verteile ich meine Zeit auf mehrere Heime, ich habe meinen Arbeitssektor.

Ich fühle mich wohl. Ich bin am rechten Platz.

Ich sehe gern zu, wie sie zäh kämpfen.

Ich mag ihre tastenden, zögernden, zitternden Stimmen.

Ja, es stimmt, ich nehme sie auf. Nicht alle. Aber einige schon. Vom ersten Mal an. Ich habe ein winziges digitales Gerät, das Dutzende von zu Ordnern zusammengefassten Dateien enthält.

Ich nehme sie zu Studienzwecken auf, um meine Herangehensweise, meine Praxis zu verbessern. Aber nicht nur.

Ich empfinde Zärtlichkeit für das Zittern ihrer Stimme. Für diese Zerbrechlichkeit. Diese Sanftheit. Ich empfinde Zärtlichkeit für ihre verzerrten, ungenauen, verirrten Wörter und für ihr Schweigen.

Und ich hebe alles auf, auch wenn sie gestorben sind.

Madame Seld habe ich ab der fünften oder sechsten Sitzung aufgenommen. Ich habe alles behalten.

Ich trete in ihr Zimmer. Sie wirkt müde, ich merke gleich, dass sie nicht sehr auf Mitarbeit eingestimmt ist. Aber sie strafft sich und streicht sich flüchtig das Haar glatt. Sie reißt sich zusammen und lächelt mich an. Die Koketterie der alten Damen rührt mich immer wieder.

Ich hole meine Sachen aus dem Rucksack und lege sie auf ihren Schreibtisch: Stift, Heft und die Abbildungen.

»Wie geht es Ihnen, Michka?«

»Ganz gut …«

»Aber nicht besonders gut, oder täusche ich mich?«

»Es fällt mir ein bisschen schwer, mich daran zu versöhnen … zu bewohnen.«

»Sich daran zu gewöhnen?«

»Ja, das ist es.«

»Das ist normal. Man braucht mehrere Wochen, um sich zurechtzufinden, und Sie sind ja noch nicht lange hier. Heute habe ich ein wenig Material mitgebracht, damit wir miteinander arbeiten können, einverstanden?«

Sie mustert mich misstrauisch.

»Was ist das?«

»Das sind Übungen, die speziell für Senioren entwickelt wurden.«

»Warum sagen Sie ›Senioren‹? Sie sollten ›die Alten‹ sagen.

Das ist klar und bürdig. Sie sagen ja auch ›die Jungen‹, oder? Sie sagen nicht ›die Junioren‹.«

»Sie haben recht. Sie nehmen die Wörter ernst, Michka, das gefällt mir. Sollen wir eine kleine Übung machen?«

»Sie hätten nicht vielleicht eher eine kleine Zigarette für mich?«

»Sie rauchen?«

»Nein, nein, gar nicht. Ich habe vor ... langer Zeit aufgehört, aber trotzdem, bei all dem Verzicht wäre ein Zigarettchen nicht schlicht.«

»Es ist im ganzen Haus verboten, Madame Seld, und es wäre ja auch nicht sehr vernünftig. Ich bin sowieso Nichtraucher.«

Sie wirkt enttäuscht.

Schweigend betrachtet sie mich. Die Stille ist ihr nicht peinlich. Sie studiert jedes Detail meiner Erscheinung: meine Armbanduhr, meine Schuhe, meinen Haarschnitt.

»Also, Michka, lassen Sie uns anfangen. Ich stelle Ihnen eine Frage und zeige Ihnen dann vier Bilder, unter denen Sie das richtige aussuchen müssen. Und dann versuchen Sie, den Gegenstand mit dem richtigen Wort zu bezeichnen.«

Sie hört mir aufmerksam zu. Während des Sprechens treffe ich schon die Vorbereitungen.

»Hier als Beispiel eine erste Frage: Mit welchem Gegenstand wird Mörtel verstrichen?«

Ich lege ihr vier Bilder hin – Maurerkelle, Spaten, Gartenschere und Rechen –, die sie mit einer Miene übertriebener Ratlosigkeit anschaut.

»Das ist nicht sehr prickelig.«

»Zugegeben, es ist nicht gerade das witzigste Beispiel.«

»Ich möchte lieber reden.«

»In Ordnung, erst reden wir ein bisschen, und dann machen wir ein paar Übungen.«

»Da gibt es eine Dame, die in mein Zimmer kommt.«

»Hierher?«

»Ja. Sie ist schon mehrmals gekommen, immer abends. Sie kommt einfach so herein, ohne anzukünden, und erklärt, dass sie den kleinen Jungen sucht. Sie macht mir Angst.«

»Eine Heimbewohnerin?«

»Ja. Aber … gestern ist etwas passiert, müssen Sie wissen. Gestern kam sie nach dem Abendessen, zur selben Uhrzeit wie an den anderen Tagen, und fragte mich, wo der kleine Junge sei, und ich … ich habe gesagt, und zwar sehr gebeterisch, damit sie mich versteht: ›Madame, ich weiß nicht, wo Ihr kleiner Junge ist, aber damit Sie gescheit wissen, Sie befinden sich im Irrsinn‹, dann habe ich den Fernseher eingeschaltet, obwohl ich gar nicht so gern fernsehe, aber da ist dieser … dieser Kommentator, den ich mag, der mit den sehr heißen Zähnen, der immer talerlos aussieht. Wissen Sie, wen ich meine? Der die Nachrichten erzählt. Und stellen Sie sich mal vor, als diese Frau seine Stimme hörte, geriet sie schrecklich in Zoo! Sie fing Streit mit mir an, mit einem Mal brüllte sie einfach los: ›Da ist er ja, mein kleiner Junge!‹ Als hätte ich ihr in meinem Fernseher ihren kleinen Jungen gestohlen! Ich kann Ihnen sagen, ich habe gleich mit der … Fern… Fernverminung, zack, ausgestellt, damit sie geht. Und es hat funktioniert. Aber jetzt werde ich ihn nicht mehr anstellen können. Ich habe Angst, dass sie wiederkommt, verstehen Sie …«

»Sie müssen mit den Betreuern darüber sprechen. Die werden zu dieser Dame gehen, die wahrscheinlich ein bisschen den Verstand verliert, und dafür sorgen, dass sie nicht mehr uneingeladen Ihr Zimmer betritt.«

Sie schweigt kurze Zeit. Dann sieht sie mir fest in die Augen.

»Das kommt nicht wieder in Ordnung, oder?«

»Was?«

»All das. All das, was fortgeht, was sich einfach so und außerdem so schnell verflüchtet. Das kommt nicht wieder in Ordnung?«

»Wenn Sie einverstanden sind, Michka, werden wir zusammen daran arbeiten, dass es wieder in Ordnung kommt.«

»Aber … ehrlich gesagt?«

Ich zögere eine Sekunde mit der Antwort.

»Man kann die Entwicklung verlangsamen, aber man kann sie nicht stoppen.«

In dem Zimmer im Altenheim sind die Möbel so verrückt worden, dass die rückwärtige Wand völlig frei ist.

Michka steht mitten im Raum, in einer seltsamen Haltung erstarrt, als wäre sie im Lauf aufgehalten worden.

Eine Kleinmädchenstimme zerreißt die Stille:

»Eins ...«

Michka setzt sich sofort in Bewegung und geht auf die leere Wand zu.

»Zwei ... drei ... OCHS AM BERG!«

So unterbrochen, erstarrt Michka in einer schwer zu haltenden Position. Wieder ist die Stimme des kleinen Mädchens zu hören.

»Eins ...«

Sie macht wieder einige Schritte.

»Zwei ... Drei ... OCHS AM BERG!«

Michka bleibt abrupt stehen. Diesmal ist die Haltung ganz ungünstig, sie schwankt und kann eine Bewegung nicht vermeiden.

Die Stimme des Kindes triumphiert.

»Bewegt! Bewegt! Du musst von vorn anfangen!«

Michka geht zum Startpunkt zurück. Ein wenig schlurfend. Sie lehnt sich an die gegenüberliegende Wand.

Doch die Mädchenstimme lässt ihr keine Verschnaufpause.

»Achtung! Eins … zwei … drei … OCHS AM BERG!«

Diesmal hat sich Michka nicht vorwärtsbewegt.

»Wo ist mein Stock. So, wie es im Moment um mich steht, weiß ich nicht mehr, ob ich ihn überhaupt brauche. Verstehen Sie das? Ich fühle mich gut, müssen Sie wissen, die Wörter sind da wie früher, ich muss sie nicht einmal suchen oder auswählen oder umsorgen, sie tauchen einfach so auf, ganz spontan und ohne Gedöns, ich muss ihnen nicht schöntun, sie einfangen und streicheln, nein, stellen Sie sich vor, sie kommen und gehen in aller Freiheit, es ist sehr schön. Ich weiß, ich befinde mich in einem Traum. Jetzt ist es kein Albtraum, schauen Sie nur, schauen Sie sich die Farben und Formen der Dinge an, man spürt sofort, dass es kein Albtraum ist. Ich muss Ihnen davon erzählen, ja, ich werde Ihnen sagen, dass ich einen Traum hatte, in dem die Wörter alle da waren, alle, und ich brauchte weder Ihre Karten noch Ihre Bilder noch Ihre Listen, und es war so freudig, so leicht, verstehen Sie, es ist so ermüdend für mich, die ganze Zeit nur zu suchen und zu suchen und zu suchen, es schlaucht und erschöpft und zermürbt einen, und sonst brauche ich nichts, ich habe alles, was ich brauche, Madame Danville hat mir Pralinen mitgebracht, sie war die Concierge in unserem Haus, vor langer Zeit, als Marie klein war, habe ich Ihnen das schon erzählt? Madame Danville ist sehr nett, und die Pralinen sind köstlich, Sie sehen also, ich brauche sonst nichts, wenn die Wörter zurückkommen, dann wird es schon gehen, sogar sehr gut, dann ist mir alles egal, selbst diese eine, die fast jeden Tag in ihrem Wagen wegfährt, für wen hält die sich eigentlich, sie verhöhnt uns mit ihrem Wagen, ja, sie gehört auch zu den Heimbewohnern, verstehen Sie, fast jeden Tag macht sie einen kleinen Ausflug in die Stadt, den Seidenschal um den Kopf gewickelt, sie hält sich wohl für Grace Kelly oder so, aber wenn es so ist, kann sie doch zu Hause bleiben, warum ist sie hier, wenn sie noch so gut allein zurechtkommt. Ja, das ärgert mich, das kann ich Ihnen sagen. Aber jetzt ist es mir schnurz, die Wörter sind wieder da, wir brauchen also keine Übungen mehr zu machen, aber Sie könnten mich doch trotzdem weiterhin manchmal besuchen, zum Reden, sonst wäre es nämlich schade, denn Sie sind so schön, ich mag eigentlich keine Ohrringe an Männern, aber bei Ihnen ist das anders, vor allem wenn Sie diesen winzig kleinen schwarzen Stein tragen, das sieht sehr hübsch aus.«

Wieder ist die Kleinmädchenstimme zu hören.

»Eins … zwei … drei … OCHS AM BERG!«

Michka schnellt in einem Satz zur anderen Seite des Raums und berührt die Wand.

Sie lächelt.

»Diesmal ist es klar, es ist ein Traum! Ich werde ihn Ihnen morgen erzählen, so ein Traum gefällt Ihnen bestimmt.«

Ich klopfe und trete in ihr Zimmer.

Ich sehe sie auf dem Bett liegen, was ungewöhnlich ist. Sie hasst es, wenn man sie beim Dösen ertappt. Sie richtet sich sofort auf und sieht sich nach dem Buch um, das sie neben sich gelegt hat.

»Guten Tag, Michka, wie geht es Ihnen?«

»Es geht ...«

»Sind Sie müde?«

»Ein bisschen.«

»Hat Marie Sie besucht?«

»Ja, sie war gestern hier. Kennen Sie sie?«

»Sie erzählen mir oft von ihr, aber ich habe sie noch nicht gesehen. Sie kommt ja eher am Wochenende, und ich bin nur an Wochentagen hier ...«

»Ach ja, stimmt. Ja, ja.«

»Ich lasse Ihnen eine kleine Pause, ich lege schon mal das Übungsmaterial auf den Schreibtisch.«

»Oh ... Meinen Sie wirklich?«

»Ja, ich meine das wirklich. Möchten Sie lieber nicht aufstehen?«

»Doch, doch ... Aber wissen Sie, die Übungen schöpften mich aus«

Ich helfe ihr vom Bett herunter und reiche ihr den Arm, um sie zum Stuhl zu führen. Sie geht langsam, ich habe den Verdacht, dass sie es absichtlich tut, um den Beginn der Übungen hinauszuzögern.

»Und, Michka, haben Sie fernsehen können?«

»Nicht so.«

»Warum?«

»Es hat sowieso keinen Zweck mehr. Die sprechen da zu schnell. Selbst die Bilder sind manchmal zu schnell. Ich habe gern diesen Mann gesehen, der immer auf... fliegt, einfach so, in alle Richtungen, mit seinem Ruckpack, Sie wissen schon, der junge Kerl, der bei den Leuten übernachtet, in allen Ecken. Er ist sehr witzig, er begegnet rein zufällig irgendwelchen Einheimsern, und dann schläft er bei ihnen, in seinem Schlafpack, kennen Sie den? Der gefiel mir, aber im Augenblick kann ich ihn nicht finden. Und Sie, sehen Sie fern?«

»Nicht besonders oft, Michka. Es gibt Sendungen, die mir gefallen, aber ich habe zu wenig Zeit. Ich habe dieses Jahr viele Patienten, und außerdem habe ich wieder angefangen zu studieren.«

Plötzlich wirkt sie sehr interessiert.

»Aha? Und was?«

»Ich will einen Hochschulabschluss erwerben, als Fortbildung gewissermaßen.«

»Auf welchem Feld?«

»›Neuropsychologische Rehabilitation‹.«

»Oh ... Das ist kompliziert.«

»Ja, aber spannend.«

»Aber es klappt nicht.«

»Doch, doch, es klappt. Ich komme zurecht.«

»Nein, nicht Sie. Die … Reparatur.«

»Aber ja doch, Michka, Sie werden sehen. Man kann es sehr verbessern. Es trifft sich übrigens gut, denn ich hatte eine kleine Übung im Zusammenhang mit Reisen vorgesehen. Hätten Sie Lust?«

Sie sieht mich an wie ein geschlagener Hund.

Statt sich auf den Stuhl zu setzen, lässt sie sich in ihren Sessel fallen.

»Könnten Sie mir den Stock näher herstellen? Man weiß ja nie, dann könnte ich notfalls … abhacken.«

»Abhauen? Wollen Sie abhauen?«

»Wenn die Tränen losgehen. Das ist neulich passiert. Waren Sie nicht dabei? Nach dem Mittagessen, wir waren fast alle in unten, nicht die aus dem vierten Stock, aber wir, die anderen Heimdragoner, wir hatten gerade unseren kleinen Vanillejockel ausgelöffelt, da fingen plötzlich die Tränen an zu heulen … Es war ganz schön laut!«

»Die Sirenen?«

»Ja genau! Das hat mir vielleicht einen Schecken eingejagt! Und deshalb habe ich meinen Stock lieber in Weite, für alle Fälle … Und Sie?«

Ich versuche, ihrem Gedankensprung zu folgen, aber sie sagt es von sich aus genauer:

»Wie alt sind Sie?«

»Fünfunddreißig.«

»Ah, das ist schön.«

Einige Sekunden lang scheint sie über diese Mitteilung nachzusinnen, und mir kommt der Gedanke, dass sie gerade eine Liste all dessen aufstellt, was man mit fünfunddreißig tun kann und was ihr nun verwehrt ist.

»Und Sie mögen die Alten.«

»Nun ja, das heißt … ich … Ich arbeite gern mit den Alten, ja. Ich finde es … sehr interessant.«

»Aha. Das ist ein Sesam … Ehrlich. Denn was wir noch zu sagen haben …«

»Aber genau deshalb versuche ich ja, Ihnen dabei zu helfen, es zu sagen … alles, was Sie zu sagen haben. Und das ist oft sehr interessant.«

»Ah ja. So, so ist es gut … Und Ihre Eltern, sind die alt?«

»Meine Mutter ist vor einigen Jahren gestorben. Da war sie eigentlich noch nicht alt.«

»Ah, das ist gut.«

»Ja, wenn man so will … Es hat sicher Vorteile, aber auch eine ganze Menge Nachteile. Ich hätte lieber ein bisschen mehr Zeit gehabt.«

»Sie haben ihr nicht alles gesagt?«

Das ist mir oft aufgefallen. Dieser verblüffende Scharfsinn der Alten. Diese Art, wie sie manchmal den Finger genau auf den wunden Punkt legen.

»Nein, Michka. Ich habe nicht alles gesagt. Ich hoffe, ich habe es gezeigt, aber ich habe nicht alles gesagt.«

»Ach … Das ist berückend … bedrückend.«

»Stimmt. Also, fangen wir jetzt an mit unserer kleinen Übung?«

»Oje.«

»Können Sie sich noch an die erinnern, die wir letztes Mal gemacht haben?«

»Ja.«

»Es ist fast dasselbe Prinzip, nur sage ich Ihnen diesmal mehrere Wörter, und Sie müssen den Oberbegriff finden, der sie miteinander verbindet. Zum Beispiel: Buddhismus, Protestantismus, Katholizismus … Der Oberbegriff, der sie verbindet, ist …«

»Und Ihr Vater?«

Am liebsten wäre mir, ich könnte in solchen Fällen eine Rote Karte schwenken oder einfach so tun, als würde ich es nicht verstehen, aber Michka ist keine, die sich etwas vormachen lässt.

»Ich habe keinen Kontakt mehr zu ihm.«

»Aha? Warum nicht?«

»Es würde zu lange dauern, das zu erklären.«

»Also, ich habe meine Zeit.«

»Ja, aber wir müssen arbeiten, Michka.«

»Lebt Ihr Vater noch?«

»Ja.«

»Ist er alt?«

»Ja, vermutlich.«

»Haben Sie ihn nicht mehr gesehen, seit er alt ist?«

»Nein.«

»Aha!«

»Was, ›aha‹?«

»Deshalb mögen Sie die Alten.«

»Der Gedanke ist mir nie gekommen, aber vielleicht …«

»Aber dann müssten Sie es ihm sagen.«

»Ihm was sagen?«

»Alles. Alles, was einem abtut … leidtut, später, wenn die

Leute sterben, zack … einfach so, verstehen Sie? Das kommt vor, müssen Sie wissen. Man kann das nicht alles auf dem Herzen behalten. Hinterher bekommt man Abgründe … Albträume, glauben Sie mir.«

»Ja, ja, ich weiß es ja, wir werden später sehen … Also, ich fange noch mal an. Vier neue Wörter: bitter, sauer, salzig, süß …«

»Der Geschmack?«

»Sehr gut. Noch eins …«

»Aber es ist doch jammerschade …«

»Was denn?«

»Von den Fruchtgeleestückchen, die Madame Danville mitgebracht hat, ist nur noch eins übrig.«

»Ich dachte, Sie hätten eine Vorliebe für Pralinen?«

»Ja, sie sind mein Zweitliebstes. Aber Geleefrüchte sind die Nummer eins. Hat Ihr Vater Sie verletzt?«

Ich kann einen Seufzer nicht unterdrücken.

»Ja, Michka.«

»Ah … Das ist schwerlich … schwierig.«

Ich weiß nicht, ob sie von der Übung spricht, die ich mit ihr zu machen versuche, oder von meiner Lage. Sie beobachtet mich, als würde sie erwarten, dass ich ihr die ganze Geschichte sofort anvertraue.

»Sie müssten erkunden.«

»Was erkunden?«

»Wie es mit Ihrem Vater ist.«

»Soweit ich weiß, geht es ihm gut.«

»Ist es lange her?«

»Ja, sehr lange.«

»Also zu lange. Man müsste es wenigstens herausfinden. Ob sich das widerrufen … wiedergutmachen lässt.«

»O nein, Michka, das lässt sich nicht wiedergutmachen.«

»Es ist also schlimm?«

»Es ist schmerzhaft.«

»Ach … Aber … man müsste vielleicht …«

Sie sieht mich an. Ich weiß nicht, was sie sich denkt.

»So, Michka, jetzt aber an die Arbeit! Hören Sie mir gut zu: Antiquitätenhändler, Schallplattenhändler, Buchhändler, Möbelschreiner … Welcher Oberbegriff verbindet sie miteinander?«

»Das Verschwinden?«

Marie

Seit einigen Wochen sitzt sie einfach so in ihrem Zimmer, ohne zu lesen oder fernzusehen. Im Halbschlaf.

Ich klopfe an ihre Tür und warte auf die Aufforderung zum Eintreten.

»Bist du's?«

»Ja, Michk', ich bin's. Wie geht es dir?«

»Ach, es geht so, es geht … Ich wusste nicht, dass du kommst … Ich hatte es für morgen notiert, aber ich weiß nicht warum, ich war mir nicht so … seriös.«

»Du warst dir nicht sicher? Kein Wunder, ich hatte dir ja auch gesagt, Freitag oder Samstag. Bist du arg müde?«

»Nein, es geht. Das ist nicht das Ödem.«

»Was macht dir denn so zu schaffen?«

»Es sind die Wörter, die mir zerfallen … (Sie zögert lange.) zerreißen … (Sie seufzt.) Siehst du …«

»Ich weiß, Michka. Aber du hast immerhin noch eine ganze Menge auf Lager, und so erfindest du auch noch neue. War der Logopäde da?«

»Ja, ja. Aber es ist … Das ist es nicht … Die Übungen sind schwerlich … schw… schwierig. Willst du mal sehen?«

Sie hält mir ein Blatt Papier mit Wörtern und Zeichnungen hin.

»Musst du immer das Gegenteil erraten?«

»Nein, die Synorhythmen.«

»Die Synonyme?«

»Ja genau. Aber die Syn... die Dings ... sind mir wurscht. Weißt du, es ist das rechte Wort, das mir verwischt. Und außerdem hat das alles keinen Sinn, ich weiß genau, wie es enden wird. Am Ende wird da gar nichts mehr sein, keine Wörter mehr, verstehst du? Oder nur noch irgendwelcher Quatsch als Lückenfüller. Stell dir mal vor, ein ganz einzeln vor sich hin bra... babelndes altes Weib ...«

»So weit sind wir noch nicht.«

»Wir werden bald so weit sein, glaub mir. Es dauert nicht mehr lange bis zum Ende, das weißt du, Marie. Ich meine das Ende des Verstands, der ist dann futsch und alle Wörter verflogen. Wann mit dem Körper Schluss ist, weiß man natürlich nicht, aber es hat angefangen, mit dem Verstand zu Ende zu gehen, die Wörter machen sich vom Racker, und so ist es dann.«

»Aber nein, Michka. Gehst du zum Gedächtnistraining?«

»Das gefällt mir nicht. Ich mag es lieber, wenn dieser Junge kommt ... Er sieht sehr gut aus, musst du wissen. Du solltest ihn mal sehen.«

»Aber das eine schließt doch das andere nicht aus, Michk': Der Logopäde kommt zweimal in der Woche zu dir ins Zimmer, aber du kannst auch mittwochs wie die anderen zum Gedächtnistraining nach unten gehen. Hast du es schon mal ausprobiert?«

»Da gefällt's mir nicht. Da ist eine, die hat immer eine Antwort, auf alles, das geht Schlacht auf Schlacht ... Die zögert keine Sekunde lang. Wie aus der Pistole geschossen kommt die richtige Antwort. Sie kennt alle möglichen Wörter und Erdenklichkeiten, sie spielt sich auf, verstehst du, und das geht mir auf die Nieren. Wieso geht sie hin, wenn sie doch schon alles weiß? Außerdem könnte sie sich mal richtig anziehen, aber nein, nicht mal das tut sie, sie trägt die ganze Zeit einen Sorgenrock, als wäre das der neueste Schock, weißt du …«

»Vielleicht fühlt sie sich so wohler.«

»Mag sein, aber trotzdem, Kleider machen Bräute. Warum lachst du? Na, wenigstens hast du was zu lachen … Aber weißt du, du hast doch wirklich Besseres zu tun. Du solltest nicht so oft kommen. Du wirst dich noch langweilen.«

»Bitte, Michka, wir haben das doch schon besprochen. Ich komme, weil ich gern bei dir bin.«

»Du verschwendest deine Zeit. Und siehst mich noch dazu in diesem Zoo … in diesem Zustand … in dieser Zurschaustellung. Wirklich, das hat keinen Sinn.«

»Hör mal … Du damals, hast du mich da besucht, als ich im Krankenhaus lag, ja oder nein? Kannst du dich daran erinnern?«

»Ja, ich erinnere mich daran. Als du krank warst. Du warst so … Man hätte meinen können …«

Einen Augenblick lang versinkt sie in Gedanken.

»Weißt du, dass du fast gestorben wärst?«

»Ich weiß, Michk'. Und damals, als ich so viele Tage in einem kleinen Zimmerchen verbringen musste, da hast du mich eine ganze Reihe von Malen besucht, oder?«

Sie nickt.

»Dann darf ich dich doch wohl auch hier besuchen, wenn ich möchte.«

Sie lächelt mich an.

»Und du, du hast mir noch gar nichts von dir erzählt … Wie läuft es bei dir?«

»Ganz gut, alles ist gut.«

»Auf der Arbeit?«

»Auch gut, es läuft gut. Ich fange an, Projekte ganz allein zu bearbeiten, es ist sehr interessant.«

»Ist dir der Weg nicht zu weit?«

»Nein, es geht ganz gut, mit dem RER kommt man eigentlich schnell hin.«

»Passt du auch gut auf dich auf?«

»Ja, ja, mach dir keine Sorgen.«

Sie betrachtet mich einen Moment lang.

»Machst du was mit deinen Haaren?«

»Ja, Michk', ich mache was mit meinen Haaren.«

»Du wirkst so ein bisschen … bleichsam. Isst du genug?«

»Ja, ja, keine Sorge.«

»Wir haben an unserem Tisch in der Kantine jetzt eine neue Dragonerin. Habe ich dir das schon erzählt?«

»Eine neue Bewohnerin?«

»Ja, sie redet die ganze Zeit, also tue ich so, als wäre ich auf dem Ohr schwerfällig, dann muss ich ihr nicht antworten. Die ganze Zeit, du kannst dir das gar nicht vorstellen, ein nicht wendender Redefluss, sie redet und redet, völlig ungeniert, als gäbe es sonst niemanden auf der Welt. Und dann sitzen Armande und ich – du weißt schon, Armande ist die, die ich nett finde – etwa so da …«

Einige Sekunden lang mimt sie einen sehr aufs Essen konzentrierten Menschen, der es nicht merkt, wenn man ihn anspricht.

»Und das funktioniert?«

»Das sind Altweibergeschichten, weißt du. Marie, eigentlich müsstest du mir sagen: Vorsicht, Michka, du erzählst Altweibergeschichten. Du sollst nicht meinen, dass ich kleckern will … dass ich … Meckerei, aber es tut mir gut, es auszuschütten. Es geht mir hier gar nicht so schlecht, die Leute sind sehr nett, aber ich wäre lieber zu Hause.«

»Ich weiß, Michka, aber du konntest nicht mehr zu Hause bleiben, weißt du noch?«

»Ja, ich weiß es noch.«

Sie lässt ein gedankenvolles Schweigen eintreten. Und dann beugt sie sich zu mir vor. Sie spricht leise, als wollte sie mir ein Geheimnis mitteilen.

»Weißt du, Marie, ich wollte dich um etwas bitten, was ich nicht tun kann. Ich möchte, dass wir in der Zeitung einen … Anschlag aufgeben.«

»Einen Anschlag?«

»Ja, weißt du, wie wir es schon einmal gemacht haben, um die Leute zu suchen.«

»Eine Anzeige?«

»Ja.«

»Du meinst die Anzeige, die wir in *Le Monde* aufgegeben haben?«

»Ja.«

»Du möchtest, dass wir noch einmal versuchen, die Leute zu finden, die dich bei sich aufgenommen haben, als du klein warst?«

»Ja.«

Einige Sekunden lang sehe ich sie an, ich versuche zu ermessen, was es ihr bedeutet. Was es ihr jetzt bedeutet. Ich sehe das leichte Zittern ihres Kinns, ein Zeichen für Verwirrung oder aufsteigende Gefühle, das neu an ihr ist. Sie hat es erst, seit sie hier ist, und es ist ihr wahrscheinlich gar nicht bewusst.

»In Ordnung, Michka, natürlich. Ich kümmere mich darum. Aber mach dir bitte nicht zu viele Hoffnungen, ja? Du weißt doch, dass wir es schon versucht haben. Das Problem ist ja, dass wir ihren Namen nicht kennen.«

»Ja, ich weiß.«

»Ich nehme noch einmal denselben Anzeigentext und gebe für alle Fälle meine Kontaktdaten an, okay?«

»Ja, oje. Danke. Vielen Dank. Du sagst mir dann, was es kostet.«

»Mach dir darum keine Sorgen. Wir versuchen es noch mal, ja, aber die Chancen, dass es klappt, sind gering, das ist dir klar?«

»Das ist mir klar.«

»Sollen wir ein bisschen in den Garten gehen?«

»Ach ja, gern. Ich ziehe die … Schieß… die Fleecejacke an, die du mir geschenkt hast. Grace Kelly lässt mich nicht aus den Ohren, wenn ich sie trage, die hätte auch gern so eine, das kann ich dir sagen.«

Die böse Direktorin stürmt in Michkas Zimmer. Sie hat nicht geklopft und hält auch ein Guten Tag für überflüssig. Wütend schwenkt sie eine Ausgabe von *Le Monde.*

»Waren Sie das? Haben Sie diese Anzeige aufgegeben?«

Michka nickt. Die Direktorin explodiert.

»Also träum ich, oder was? Für wen halten Sie sich eigentlich, Madame Seld? Sie sind doch total verrückt! Völlig dement! Sie haben wirklich keine Begriffe mehr! Eine Anzeige? Warum nicht gleich eine Plakataktion? Oder ein Werbespot? Ein Fesselballon! Ein Flugzeug mit Werbebanner über dem Strand! Kaum zu glauben … Eine Anzeige! Wir leben im 21. Jahrhundert, Madame Seld, der Krieg ist vorbei. Unser Unternehmen wächst wie wild, es expandiert, es boomt, und Sie erlauben es sich, diese Anzeige in die Zeitung zu setzen, die unseren Ruf schädigen könnte? Wissen Sie, was das ist, ein guter Ruf? Haben Sie auch nur die leiseste Ahnung, was der für eine Bedeutung hat? Der Ruf ist heutzutage das A und O! Und kann einen binnen weniger als vierundzwanzig Stunden in Schwierigkeiten bringen!«

Michka sagt nichts. Wie ein kleines Mädchen bleibt sie auf dem Bett sitzen, die Hände auf den Oberschenkeln.

Die Direktorin schlägt die Zeitung bei den Familienanzeigen auf. Und bemüht sich keineswegs, ihre Ironie zu verbergen, als sie laut vorliest:

»›Michèle Seld, genannt Michka, sucht Nicole und Henri, die sie von 1942 bis 1945 bei sich in La Ferté-sous-Jouarre aufgenommen haben.‹ Nicole und Henri! Sie kennen also noch nicht einmal deren Familiennamen?«

»Nein.«

»Diese Leute haben Sie gerettet, und Sie haben sich den Namen nicht gemerkt? Und Sie gehen nicht einmal zum Gedächtnistraining! Es ist eine Schande … Und was die Vornamen angeht, sind Sie sich da sicher? Und beim Dorf?«

Michka schweigt, sie ist wie gelähmt.

»Jedenfalls leidet Ihr Appetit nicht darunter! Die Pralinen von Madame Danville, her damit! Die Tütchen Apfelsaft, her damit! Der Selleriesalat, her damit! Aber sobald es um die Übungen von Monsieur Milloux geht, ist man nicht mehr so zur Stelle … Dann erlebt man sein Waterloo, dann wird gekniffen! Sie bewohnen ein Einzelzimmer, Sie haben einen gesunden Appetit, Sie gehen in den Filmclub, Sie genießen den Garten, ich brauche Ihnen also nicht zu sagen, Madame Seld, dass Sie unsere Einrichtung teuer zu stehen kommen, sehr teuer. Aber was bringen Sie uns ein? Na? Dadurch entstehen ernsthafte Rentabilitätsprobleme, Madame Seld, da werden Sie mir wohl zustimmen, und so kann es nicht weitergehen, so leid es mir auch tut, Ihnen das sagen zu müssen, denn Fakt ist: Sie bringen uns nichts ein. Ich sage es mit Bedacht: NICHTS. Ja, was glauben Sie denn? Die sind tot! Tot! Tot! Tot! Das ist die Wahrheit: Die sind tot, und Sie haben ihnen nie gedankt!«

Michka erwacht schweißgebadet, sie sitzt aufrecht im Bett.

Ihr Herz klopft zum Zerspringen, mühsam kommt sie wieder zu Atem. Sie schlägt die Hände vors Gesicht und erstickt ein Schluchzen.

Als ich einige Tage später in ihr Zimmer trete, steht sie mitten im Raum und stützt sich schwankend auf ihren Stock.

»Also, mein Bett kann ich schon noch machen! Ich brauche Zeit dafür, viel Zeit, das schlage ich ja zu, aber ich weiß, wie's geht. Doch sie kommt jeden Tag und macht es hinter meinem Rücken neu, jeden Morgen, sie zieht am … Bettfaltenwurf, verstehst du, als hätte ich es nicht richtig gemacht.«

»Aber wer tut das denn?«

»Die Diensthabende!«

»Dann musst du ihr sagen, Michka, dass du nicht willst, dass sie dir hinterherräumt.«

»Ich habe es ihr doch gesagt! Aber sie verdrängt nur die Augen, als wäre ich eine blöde alte Kuh.«

»Wahrscheinlich meint sie es nur gut. Soll ich mit ihr reden?«

»Nein, nein, du hast anderes zu sagen. Und mit der Dusche ist es genauso, musst du wissen. Die neue Regimentin will mich nicht mehr allein duschen lassen.«

»Ich weiß, Michka, aber nur weil du neulich mal gestürzt bist, das ist ganz in Ordnung und nur zu deinem Besten, damit du dir nicht wehtust.«

»Ja, aber mein Bestes, das ist nicht das, Marie. Mein Bestes, das ist meine …«

Einige Sekunden lang sucht sie nach einem Wort und findet es nicht.

»Deine Ruhe?«

»Ja. Genau. Meine Ruhe. Weißt du, die ganze Zeit kommt hier irgendwer rein. Um das Frühbrot zu bringen, die Pillen, den Imbiss, die Wäsche, um das Bett zu machen oder um zu fuchsen, um zu fragen, wie es geht, um dies oder jenes anzukünden, und das die ganze Zeit, die ganze Zeit, klopf, klopf, und schon sind sie drin, kannst du dir das vorstellen? Und wenn du keine Lust hast, sie zu sehen, kannst du nicht … verschwinden.«

»Ich weiß ja, Michk'. Ich verstehe es. Möchtest du dich nicht setzen?«

Sie lässt sich in den Sessel fallen.

»Und, hast du den Anschlag aufgegeben?«

»Ja, Michka, diese Woche erscheint die Anzeige in *Le Monde* und nächste Woche in *Le Figaro*. Ich sage dir sofort Bescheid, wenn ich etwas höre.«

Sie nimmt die Information in sich auf.

Von diesem Augenblick an wird sie warten. Hoffen. Sie wird mich nicht zu fragen wagen, aber sie wird so lange wie möglich dieses Fenster zur Hoffnung hin ein wenig offen halten.

»Bei meinen Pullis ist es dasselbe Stil, verstehst du, die kann ich doch schließlich allein wegräumen. Was mischt sie sich ein?«

»Sag mal, du hast nicht im Grunde Angst, dass sie deine Whiskyflasche findet?«

»Oh, die ist gut versteckt, glaub mir. Noch weiter weg. Aber ich mag es nicht, wenn man in meinen Schränken rührt. Aber jetzt du, was hast du mir zu erzählen?«

»Alles ist gut, Michka.«

Sie sieht mich einige Sekunden lang an.

»Machst du was mit deinen Haaren?«

»Ja, Michk', ich mache was mit meinen Haaren. Ich habe es dir doch schon erklärt, wenn man so krauses Haar hat wie ich, kann man sich nicht so einfach frisieren wie die anderen …«

»Na, schön … wenn du meinst. Aber es ist schade.«

Ein kurzes Schweigen tritt ein. Wir sind beide in Gedanken.

»Du, eigentlich wollte ich dir etwas sagen, Michka … Ich erwarte ein Kind.«

Sie tut so, als hätte sie es nicht gehört.

»Wenn du möchtest, ich habe Pralinen mit einem Hopfen Alkohol, weißt du, nichts Besonderes, aber sie sind eine Deliktesse. Madame Danville hat sie mir mitgebracht.«

»Michk', hast du gehört, was ich gesagt habe?«

»Aber wer ist der Junge?«

»Wie, welcher Junge?«

Plötzlich ist sie außer sich.

»Du weißt nicht, wer der Junge ist?«

»Doch, doch, das weiß ich, aber ich glaube nicht, dass er gern ein Kind möchte.«

»Ist er neu?«

»Ja, das heißt nein, so neu nun auch wieder nicht, es läuft schon ein paar Monate. Er heißt Lucas, ich habe dir ein-, zweimal von ihm erzählt. Ich habe ihn bei einer Einladung kennengelernt. Er ist sehr nett, aber wir leben nicht zusammen, und außerdem … muss er bald ins Ausland. Weiß du, ich dachte, ich könnte nicht schwanger werden. Der Arzt im Krankenhaus damals, erinnerst du dich, der hatte mir gesagt, es würde sicher Folgen haben, so etwas wäre dann schwierig. Und deshalb ist es so gekommen.«

»Stimmt … Als du krank warst, warst du so …«

Sie macht eine seltsame Handbewegung, ahmt etwas sich in Luft Auflösendes nach.

»Du warst ganz … Ja, es stimmt. Unglaublich, und jetzt bist du schwer in Umständen.«

»Ja, so ist es, ganz genau, ich bin schwer in Umständen, Michk', und ich habe eine Heidenangst.«

Dann sage ich nichts mehr, sondern warte einige Momente lang, ob sich in ihrem Blick eine Reaktion zeigt, etwas Ermutigendes oder Verurteilendes. Doch sie betrachtet mich nur schweigend und aufmerksamer denn je.

»Hast du es dem Jungen gesagt?«

»Nein, noch nicht. Ich möchte mir erst selbst im Klaren sein. Weißt du, Michk', ich habe Angst … Ich weiß nicht, ob ich dazu fähig bin. Fähig, ein Kind zu haben. Ich habe Angst, es nicht zu schaffen. Ich habe Angst, dass ich die Dinge wiederhole oder dass die Dinge sich gegen meinen Willen wiederholen, wie ein Fluch, ein unausweichliches Schicksal, wie etwas, das da irgendwo im Dunkeln wartet, in den Erinnerungen, im Blut, in der Geschichte der Welt, irgendetwas, gegen das man nichts ausrichten kann. Verstehst du? Und dann: Habe ich überhaupt genug Liebe, Geduld und Aufmerksamkeit? Woher soll ich wissen, ob ich imstande bin, ein Kind aufzuziehen, mit ihm zu schmusen und mich um es zu kümmern? Werde ich imstande sein, mit ihm zu sprechen, ihm die Dinge zu sagen, die im Leben zählen, werde ich es auf die große Rutsche oder allein die Straße überqueren lassen, werde ich es an die Hand nehmen, wenn es nötig ist? Werde ich wissen, wie man es richtig macht? Ich habe Angst, es nicht zu lieben, ich habe Angst, es zu sehr zu lieben, ich habe Angst, ihm wehzutun, ich habe Angst, dass es mich nicht liebt.«

»Wenn das nicht jammerschade ist … Wenn ich die neuen Pralinen von Madame Danville aufgegessen habe, was habe ich dann noch anzubieten?«

»Vielleicht sollte ich es lieber abtreiben.«

»O nein, das nicht.«

»Wie, nein?«

»Nein, nein, nein … Und das hat nichts mit dieser Frau zu tun, die ist sehr in Ordnung, mit ihrem Knoten, immer korrekt und wie aus dem Aal gepellt!«

Sie bemerkt meinen verdutzten Gesichtsausdruck.

»Na, du weißt doch bestimmt, diese Frau, die die Lager überlebt hat …«

»Simone Veil?«

»Ja, das ist wirklich gut. Was sie für die Frauen erreicht hat. Es ist sogar übergroßartig. Aber mit ihr hat das nichts zu tun.«

»Nein, natürlich nicht …«

Sie verliert sich in Gedanken, sichtlich aufgewühlt. Ich bin es schließlich, die das Schweigen bricht.

»Gelingt es dir zu lesen?«

»Es ist klein.«

»Aber ich habe dir doch Bücher in Großdruck mitgebracht, hast du es damit versucht?«

»Welche Bücher?«

»Die Bücher, die ich dir letztes Mal mitgebracht habe. Großdruck-Ausgaben.«

»Großdruck? Das ist was für alte Leute ... Ich habe sie dem Mann geliehen.«

»Welchem Mann?«

»Dem Mann. Er hat mir gezeigt, wie man das Fenster richtig weit aufmacht, das ist nämlich verboten. Es geht mit einem Metzger.«

»Wer ist das denn? Gehört er zu den Angestellten?«

»Aber nein, ich habe dir doch gesagt, dass es verboten ist.«

»Also, wer ist es?«

»Der Mann von nebenan, genauer kann ich es dir nicht sagen, du hast ihn schon gesehen, er trägt einen Twistanzug.«

»Monsieur Terdian?«

»Ja. Und glaub mir, er kennt das Haus genau, er ist ja schon so lange hier. Er hat es mir gezeigt, mit einem ... einem ... (sie seufzt) einem ... Zack! Also, man kann das Fenster sperrangelweit aufmachen, aber man darf es nicht. Und wenn dann wer kommt, dann mache ich es, hopp (sie deutet im Sitzen eine Bewegung an, als wollte sie zum Fenster springen), ganz schnell zu.«

»Aber pass auf, dass du nicht versehentlich zum Stuntman wirst!«

»Es muss sehr spitz sein. Ich habe es in der Kantine stibitzt, an dem Abend gab es Rose... Kliff ...«

»Roastbeef?«

»Weißt du, ich habe keins bekommen ...«

»Roastbeef?«

»Ein Kind.«

»Das weiß ich, Michk'. Aber du hast doch mich. Ich bin da.«

»Du hast damals so geweint. Als der Arzt es dir gesagt hat, als er sagte, es sei nicht sicher, es sei sogar überhaupt nicht sicher, dass du einmal in schwere Umstände kommen könntest. Du hast sehr geweint, das kann ich dir sagen.«

»Das stimmt. Aber vielleicht ist jetzt nicht der richtige Zeitpunkt.«

»Vielleicht ist nie der richtige Zeitpunkt.«

Sie sieht aus dem Fenster. Und dann wendet sie sich wieder mir zu.

»Weißt du, ich wollte keine Kinder. Nicht die Bohne. Weder Familie noch ein Kind. Bloß nicht. Wenn ihr nicht über mir gewohnt hättet, wäre ich so geblieben. Ich war nur eine Camperin … eine Nachbarin hübsch gemütlich in ihrer Hecke. Und als du dann zum ersten Mal kamst, weißt du noch, weil du in eurer Wohnung ganz allein warst, schon seit … ein, zwei Tagen, du wolltest es nicht sagen, damals habe ich auch Muffenschiss gehabt. Du hast gegessen, und dann bist du ganz allein wieder nach oben gegangen. In der Nacht habe ich kein Ohr zugetan. Und dann bist du zum zweiten Mal gekommen, mit deinen Augen, mit deinen großen Augen, die mich so verschlimmerten, und da habe ich dich in die Wohnung geholt. Und jedes Mal wenn du danach kamst, habe ich dich aufgehoben, ganze Nachmittage lang, und dann habe ich Filzstifte gekauft und Buntpapier und eine Schere, und dann die Zoostiere – weißt du noch? –, am liebsten mochtest du die kleinen Plastikzebras, und dann die Knetmasse und den Fruchtsaft in den schmalen Tüten, diese Eis-Pollies, die man selbst ins … Gefrier… legen musste. Du kamst jeden Abend oder fast jeden Abend. Ja, so war es, ein kleines Murmelchen, das jeden Abend bei mir klingelte. Du bliebst zum Schlafen, wenn es aus dem Ruder sprang, wenn es gar nicht mehr ging, und dann gab es, aber was soll's. Das ist nicht das Wichtigste, ich darf nicht alles mengen … bitte entschuldige. Du musst entscheiden. Du wirst wissen wie. Aber ich möchte dir noch eins sagen, bevor du deine Lösung triffst: Das ist es, was zählt, was am allermeisten zählt.«

»Was?«

»Zum ersten Mal in meinem Sehen habe ich angefangen, mich auf jemanden zu kümmern, ich meine jemand anderen als mich. Und das ist es, was alles ändert, weißt du, Marie. Angst um jemand anderen zu haben, jemand anderen als sich selbst. Du hast da eine große Chance.«

»Da siehst du doch, dass dir die Wörter nicht fehlen.«

Sie ist geschmeichelt.

»Ja, stimmt … In denkenden Fällen.«

»Soll ich dir am Automaten einen Tee holen?«

»O ja, bitte. Ich bin ganz fertig, weißt du. Mit Cidre bitte.«

»Mit Zitrone?«

»Ja genau.«

An den Tagen, an denen Michka Besuch erwartet, achtet sie auf ihre Kleidung. Dann trägt sie ihren himmelblauen Pullover, der die Farbe ihrer Augen zur Geltung bringt, oder die beige Jacke, die zu ihrer Hose passt.

Ich rufe sie immer an, bevor ich zu ihr gehe. Möglichst schon einen Tag vorher, damit sie genug Zeit hat, sich darauf vorzubereiten.

Ich klopfe an, bevor ich eintrete.

Ich umarme sie.

»Du solltest nicht kommen, es ist dir lästig, und außerdem solltest du dich lieber ausruhen.«

»Das haben wir doch schon besprochen, Michk'. Ich komme, weil es mir Freude macht. Wie fühlst du dich?«

»Recht gut, recht gut ... Aber mir ist nicht ganz klar, was vor sich geht.«

»Soll heißen?«

»Na, hier. Es ist gar nicht mehr wie vorher. Das Niveau lässt nach, weißt du. Zwei Gewöhner unserer Alten-Resignenz sind gestorben ...«

»Zwei Bewohner?«

»Ja. Zwei in einer Woche. Madame Crespin, das war die,

die immer Päckchen mit Lauerwurst geschickt bekam, nun ja, und dann, in der Nacht, wusch, einfach so.«

»Und das hat dir leidgetan … Denn Madame Crespin mochtest du ja gern.«

»Ja … Aber weißt du, wir sind hier alt. Ich habe es dir ja schon gesagt, man muss es schüchtern sehen … Nach einer gewissen Weile kann es nicht mehr weitergehen. Es beginnt sogar gutzutun. Es ist nicht traurig, aber es macht Angst.«

»Und die andere Dame, hast du die auch gekannt?«

»Nein, die war im vierten. Im vierten Oberschloss. Bei den … Sie sind nicht zerdrückt, weißt du, aber sie sind wie Geister, die nachts hervorwandern, deshalb muss man sie schließen. Aber das Ödem ist die Sache mit dem Katalog …«

»Mit welchem Katalog?«

»Ach, du weißt schon, der Katalog von Drei Paaa… (sie zögert) Gagen.«

»Warum?«

»Der gehörte ihr.«

»Madame Crespin?«

»Ja, sie hatte ihn mir geliehen, damit ich Pant… Kartoffeln bestellen konnte, und jetzt weiß ich nicht, was ich tun soll, weil ich ihn ihr noch nicht zurückgegeben habe.«

»Das ist nicht so schlimm, Michka, ich glaube nicht, dass sie ihn mitgenommen hätte. Hast du denn welche gesehen, die dir gefallen?«

»Nein, ich mag keine Bommeln … Aber weißt du, hier ist es nicht mehr wie früher. Vor allem abends, wenn sie die Runde machen.«

»Welche Runde, Michk'?«

»Wenn alle Gewöhner in ihren Zimmern sind, gehen sie im ganzen Haus herum und verteilen die … und dann auch noch morgens. Ich weiß genau, was das zu bedeuten hat.«

»Du brauchst dir wirklich keine Sorgen zu machen, ich habe es dir doch erklärt. Es ist ganz normal, dass die Pflegerinnen noch einmal herumgehen und schauen, ob alles in Ordnung ist.«

»Ich mag die Nacht nicht.«

»Kannst du nicht schlafen?«

»Es liegt an den Wörtern, wie ich es dir schon sagte. Es passiert nachts, dass sie … sich vergraben … verlieren, nachts, wenn ich nicht einschlafen kann, ich weiß genau, das ist der Augenblick, in dem sie sich verfluchen, in dem sie sich verflüchten, da bin ich sicher, aber es nichts zu machen, ganze Waggons voll und ganz schnell, dagegen kann keiner was machen, das sage ich dir, nicht einmal der Logi… der Logary… der Lollo…«

»Der Logopäde?«

»Ja, er hat es mir gesagt. Die Irrungen nützen nichts mehr, wenn man meinen Punkt erreicht hat.«

»Du übertreibst, ich bin sicher, das hat er so nicht gesagt. Es ist einfach so, dass du die Übungen nicht magst.«

»Es macht einen fertig. Du solltest mich danach sehen, wie durch die Mangel gekehrt. Ach, weißt du, es ist schon traurig …«

Für einige Sekunden verliert sie sich in ihren Gedanken.

»Man sollte nicht alt werden. Aber es trifft sich gut, dass du hier bist, ich wollte dir sagen, dass ich nachgedacht habe und am liebsten eine Vorherbestattung hätte.«

»Wie meinst du das?«

»Was meine Beischätzung angeht. Eine Vorherbestattung … ein paar Schnittchen und aus und vorbei. Wie bei Madame Crespin, anscheinend war es sehr nett.«

»Du meinst eine Feuerbestattung?«

»Ja genau. Aber die Schnittchen nicht mit Leberpastete, sondern mit Pax.«

»Mit Lachs? Na schön, okay, ist notiert, aber es besteht keine Eile, weißt du, wir haben noch jede Menge Zeit.«

»Bei Madame Crespin konnte ich nicht mit. Sie hatten einen Waggon bestellt, damit alle mitfahren konnten, aber ich war zu müde.«

»Ich verstehe, Michk', so ist das eben. Du musst dich ausruhen.«

»Und das Kleine?«

»Welches Kleine?«

(Natürlich weiß ich, was sie meint.)

»Na, dein Kleines natürlich. Wo ist es übrigens?«

»Nun ja … Es ist noch da. Ich habe mit Lucas gesprochen. Er war sehr verständnisvoll, aber er ist fest entschlossen, nach Indien zu gehen. Er arbeitet für das Reiseunternehmen Nouvelles Frontières, weißt du, und man hat ihm die Stelle eines örtlichen Vertreters angeboten. Er kennt das Land gut. Er hat mir von Anfang an gesagt, dass er auf diese Stelle wartet. Und ich habe ihm von Anfang an gesagt, dass ich hier bleiben würde.«

»Warum?«

»Nun … deinetwegen, Michk', und außerdem habe ich wirklich keinen Grund, nach Indien umzuziehen. Ich habe hier gerade eine Stelle gefunden, die meinen Vorstellungen entspricht, und das ist gar nicht so leicht …«

»Und der Junge, ist er … verhalten … verändert …?«

»Verärgert? Nein. Er hat mir gesagt, ich könne das Baby behalten, wenn ich wolle. Er würde mir helfen, soweit es ihm möglich wäre. Aber er will nach Indien. Was immer auch komme. Und außerdem hat er keine besondere Lust, Vater zu sein. Weißt du, ich glaube, er ist nicht sehr verliebt in mich.«

»Tatsächlich? Aber warum denn nicht?«

(Wenn ich ihr gesagt hätte, er weigere sich, einen Fünf-Millionen-Euro-Scheck einzulösen, hätte sie nicht verwunderter sein können.)

»Tja, Michk', so ist es nun mal, so ist das Leben.«

»Aber … du hast ihm doch geklärt, dass du dich mit deinen Haaren nicht so leicht frisieren kannst?«

»Keine Sorge, Michk', mit meinen Haaren hat es nichts zu tun. Er hat Dreadlocks. Weißt du, was das ist?«

»Ja, weiß ich. Also gut. Dann wirst du deine Lösung ganz allein treffen müssen. Ohne einen Mann.«

»Ja, so sieht es aus. Aber es wird schon gehen. Ich komme schon zurecht … Weißt du, ich glaube, ich habe wirklich Lust, ein Kind zu bekommen. Möchtest du einen kleinen Spaziergang machen?«

»Nein, heute nicht, ich bin müde.«

»Bist du sicher? Es ist so schönes Wetter.«

»Nein dante.«

Jérôme

Sie erwartet mich in ihrem Sessel.

Sie tut nichts, während sie auf mich wartet. Sie gibt nicht vor, zu lesen, zu stricken oder sonst wie beschäftigt zu sein.

Hier ist Warten eine vollwertige Beschäftigung.

Wenn ich ihr Zimmer betrete, gebe ich ihr die Hand und erkundige mich, wie es ihr geht und was sie so macht. Sie fragt mich, ob ich ein Glas Wasser oder, wenn sie vom Imbiss noch eine kleine Packung übrig hat, einen Fruchtsaft haben möchte, und außerdem legt sie Wert darauf, mir auch eine Praline oder ein Bonbon anzubieten. Auf diese Weise möchte sie mir etwas zurückgeben, das weiß ich.

Wir haben unsere Rituale.

Sie liebt diesen Augenblick, in dem ich auf meinem digitalen Gerät die Aufnahmefunktion aktiviere und in dem unsere Sitzung beginnt, und zwar immer mit mehr oder weniger denselben Worten:

»Wir haben den 5. September, und ich nehme mit dem Einverständnis von Madame Seld deren zwanzigste Sitzung auf.«

»Mögen Sie Sprichwörter, Michka?«

Sie zieht ein Gesicht.

»Heute machen wir eine kleine Übung, um Ihr Gedächtnis zu stimulieren und Ihnen zu helfen, Ihren Wortschatz in Schuss zu halten.«

»Wir werden ja sehen.«

»Ja, Sie werden sehen, es ist sehr spielerisch. Ich sage Ihnen den Anfang eines Sprichworts, und Sie müssen das Ende finden. Wir fangen mit etwas Einfachem an, Sie brauchen bloß das letzte Wort des Sprichworts zu erraten. Okay?«

Sie nickt wenig begeistert.

»*Jeder Tag hat seine …?*«

»Klage.«

»Sind Sie sicher? Ich sage es noch einmal: *Jeder Tag hat seine …?*«

»Frage.«

»Seine Plage, Michka. Sie waren ganz nah dran. *Die Abwesenden haben immer …?*«

»… Pech … Unrecht!«

»Sehr gut. *Kein Rauch ohne …?*«

»Feuer.«

»*Die Wahrheit liegt in …?*«

»Den Binsen?« Sie denkt nach. »Im Brunnen?«

Jetzt sieht sie mich verärgert an.

»Das Sprichwort kenne ich nicht.«

»*Die Wahrheit liegt in der Mitte.* Sagt Ihnen das nichts?«

»Überhaupt nichts.«

»Noch eins: *Alles verstehen heißt alles …?*«

»Ha! Also, sind Sie nun hingegangen?«

»Wohin?«

»Zu Ihrem Vater.«

»Ich habe nicht gesagt, dass ich hingehen würde, Michka, ich habe gesagt, dass ich darüber nachdenken würde.«

»Und haben Sie nachgedacht?«

»Ja, ich habe nachgedacht, aber so etwas braucht Zeit. Das lässt sich nicht so leicht entscheiden. Es ist riskant. Es ist kompliziert, wissen Sie. Aber jetzt lassen Sie sich nicht ablenken, Sie sind gerade so schön konzentriert. Noch eins: *Man kann nicht auf zwei Hochzeiten …?*«

»Ich habe Angst um Sie. Die Reue.«

»Ich weiß. Es macht mir auch Angst. Aber manchmal hat man keine Wahl. Es ist eine Frage des … Selbstschutzes.«

»Aber jetzt sind Sie doch bolide, oder?«

Wie gerufen kommt der Pfleger in ihr Zimmer. Ich unterbreche die Aufnahme nicht.

Er spricht sehr laut und deutlich mit ihr, wie mit einem Kind. Michka scheint keinen Anstoß daran zu nehmen.

»Sie wollten mich sprechen, Madame Seld? Heute Morgen haben Sie mich angeblich gesucht …«

»Ach ja … Könnten Sie mir etwas … Reichhaltigeres geben bei den … abends … Bei den Ta… den Sa…«

»Den Salben?«

»Nein, nein … Es sind ganz kleine Dinger, so klein, man tut sie da und dahin … Zwei oder drei …«

»Die Tabletten?«

»Ja.«

»Ah, es geht also um Ihre Medikation, Madame Seld. Sie bekommen eine Tablette um achtzehn Uhr und dann abends etwas später noch eine Tablette.«

»Und wie heißen die?«

»Die um achtzehn Uhr heißt Omeprazol und die um zweiundzwanzig Uhr Mianserin.«

»Welche wirkt schlimmer?«

»Sie haben unterschiedliche Wirkungen. Die Tablette um zweiundzwanzig Uhr ist dafür da, dass man gut schläft, und die um achtzehn Uhr dafür, dass man kein Bauchweh bekommt ...«

»Ah ... Dann geben Sie mir eine Zweiundzwanzig-Uhr-Tablette.«

»Das müssen Sie mit Ihrem Arzt besprechen. Möchten Sie die Zweiundzwanzig-Uhr-Tablette ein bisschen früher bekommen?«

»Ja.«

»Können Sie nicht schlafen? Ist es das?«

»Das wäre zu viel gesagt, aber es ist ein bisschen gesagt ...«

»Wir fragen Ihren Arzt. Anscheinend sind Sie abends unruhig.«

»Ach ... Nicht so.«

Daraufhin dreht er sich zu mir um, als sähe er in mir einen Verbündeten.

»Stellen Sie sich vor, sie und Monsieur Terdian haben in ihren Zimmern Messer versteckt, um die Sperre am Fenster wegzudrücken ...«

Dann wendet er sich wieder an sie, in viel lauterem Ton.

»Wir können nicht zulassen, dass Sie die Messer in Ihrem Zimmer behalten, Madame Seld, das haben Sie doch verstanden?«

Sie reagiert ein wenig überheblich.

»Ja, das habe ich sehr gut verstanden, Monsieur. Aber daran stirbt doch keiner, und selbst wenn wir das Fenster öffnen, werden wir uns schon nicht in Muff auflösen!«

»Wegen der Medikamente werde ich mit der Heimleiterin sprechen, sie kann das mit Ihrem Arzt regeln. Ich gehe dann mal, Madame Seld.«

Er geht. Seine Schuhe machen auf dem Linoleum schmatzende Geräusche.

Michka sieht mich an.

»Ach wissen Sie, er ist nett, wenn auch manchmal ein bisschen ein Hornross, aber er ist trotzdem nett.«

»Das bezweifle ich nicht, Michka. Machen wir mit unserer kleinen Übung weiter?«

Sie lässt abrupt ihre Schultern fallen und seufzt demonstrativ.

Ich lache.

Sie lacht ebenfalls.

»*Gefahr erkannt, Gefahr ...?*«

»Habe ich Ihnen gesagt, dass Marie Anker ist?«

»Schwanger, ja, das haben Sie mir letzte Woche gesagt.«

»Sie wird das Kind behalten. Und zwar ganz allein.«

»Macht Ihnen das Sorgen?«

»Nicht so. Aber ein bisschen doch.«

Marie

Wenn ich zu Michka gehe, beobachte ich die anderen Heimbewohner. Die sehr, sehr alten, die mittelalten und die nicht so alten, und manchmal möchte ich sie fragen: Gibt es noch jemanden, der Sie streichelt? Sie umarmt? Wie lange schon ist die Haut eines anderen nicht mehr mit Ihrer in Kontakt gekommen?

Wenn ich mir mich selbst alt vorstelle, wirklich alt, wenn ich mich um vierzig oder fünfzig Jahre in die Zukunft zu versetzen versuche, dann scheint mir als das Schmerzlichste und Unerträglichste der Gedanke, dass mich niemand mehr berührt. Das zunehmende oder plötzliche Verschwinden von Körperkontakt.

Vielleicht ist das Bedürfnis dann nicht mehr so wie heute, vielleicht zieht sich der Körper wie bei einem langen Fasten zurück, ganz in sich selbst, und wird fühllos. Aber vielleicht schreit er auch ganz im Gegenteil vor Hunger, einen stummen, nicht auszuhaltenden Schrei, den niemand mehr hören will.

Wenn Michka mit ihrem schwankenden, um Gleichgewicht ringenden Schritt auf mich zukommt, würde ich sie am liebsten an mich pressen und ihr etwas von meiner Kraft und Energie einhauchen.

Doch ich halte mich zurück. Wahrscheinlich aus einer Art Schamgefühl heraus. Und weil ich ihr nicht wehtun will.

Sie ist so zerbrechlich geworden.

Wenn ich alt bin, werde ich mich auf mein Bett legen oder meinen Rücken fest in einen Sessel schmiegen, und dann werde ich die Musik hören, die ich heute höre, die jetzt im Radio und in den Discos läuft. Ich werde die Augen schließen, um das Gefühl meines tanzenden Körpers wiederzufinden. Meines gelösten, biegsamen und mir gehorsamen Körpers inmitten anderer Körper oder das Gefühl meines vor Blicken geschützten Körpers, wenn ich ganz allein im Wohnzimmer tanze. Wenn ich alt bin, werde ich Stunden so zubringen und auf jeden Ton, jede Note, jeden Impuls achten. Ja, ich werde die Augen schließen und mich mental in den Tanz, in die Trance projizieren, ich werde jede einzelne Bewegung, jede Unterbrechung wiederfinden, und mein Körper wird sich wieder mit dem Rhythmus und dem Takt verbinden, ganz nah an seinem Puls.

Wenn ich alt bin, wenn ich alt werden sollte, dann wird mir das bleiben. Die Erinnerung an den Tanz, an das Schlagen der Bässe in meinem Bauch und an das Wiegen meiner Hüften.

Sie döst in ihrem Sessel. Ich sitze schon seit einigen Minuten neben ihr, und an den winzigen Wellen, die über ihr Gesicht laufen, erkenne ich, dass sie meine Gegenwart wahrzunehmen beginnt. Sie schlägt die Augen auf.

»Guten Tag, Michk', wie geht es dir?«

»Du, ich habe gar nicht geschlafen.«

»Ich weiß, Michk', keine Sorge. Du hast mich ja erwartet. Fühlst du dich gut?«

»Ja, ganz gut. Und du, wie geht es mit … dem Kleinen?«

»Ich war beim Arzt, alles ist in Ordnung, hat er gesagt.«

»Umso besser. Und der Anschlag?«

»Immer noch nichts, Michka, es tut mir sehr leid. Ich habe die Anzeige letzten Dienstag noch einmal erscheinen lassen. Aber bisher hat sich nichts getan.«

Die Traurigkeit lässt ihr Gesicht mit einem Mal welken.

»Ich hätte es mir gewünscht … ganz … weißt du …«

»Bist du wirklich so fest entschlossen?«

»Ja.«

»Dann denke ich noch einmal nach. Wir werden sie auf andere Weise suchen.«

Sie schweigt eine Weile, in ihre Überlegungen verloren. Dann verscheucht sie die Enttäuschung wie einen bösen Gedanken.

»Sie haben mich eingeladen, mit ihnen Kitsch zu spielen, habe ich dir das schon gesagt?«

»Nein, das hast du mir noch nicht gesagt. Wer denn?«

»Die Pfauen.«

»Welche Frauen?«

»Die jungen. Die sich meistens unten aufspalten, den ganzen Nachmittag lang sind sie im großen Aufenthaltsraum, manche von ihnen gehen sogar zur Gymnastik.«

»Ja, stimmt, die wirken ziemlich fit, aber so jung sind sie nun auch wieder nicht, weißt du.«

»Die im Grollstuhl ist die Anführerin. Weißt du, welche ich meine? Die im Bademantel.«

»Ja, ich weiß. Und? Hast du Ja gesagt? Wirst du mit ihnen Bridge spielen?«

»Ich weiß nicht.«

»Warum nicht? Hast du keine Lust?«

»Ich habe Angst, ich verspiele mich.«

»Aber nicht doch, Michk'. Du kennst die Regeln, es gibt keinen Grund, warum du es nicht hinkriegen solltest.«

»Es ist wirklich jammerschade …«

»Was denn?«

»Monsieur Terdian, er ist in seinem Zimmer hingefallen. Er hat sich einen großen Knochen gebrochen, jetzt ist er drüben in … im …«

Sie sucht nach einem Wort und findet es nicht.

»Im Krankenhaus?«

»Ja. Hoffentlich kommt er zurück.«

»Gewiss doch, Michk', er kommt zurück, sobald es ihm besser geht.«

»Aber weißt du, hier geht wirklich etwas Schlimmes vor sich. Etwas sehr Schlimmes. In den Toiletten darunter. Du musst dir das mal ansehen. Also, ich setze da kein Bein mehr rein, denn ich weiß genau, was die vorhaben.«

»Wovon sprichst du, Michk'? Meinst du die Toiletten im Erdgeschoss?«

»Ja, bei der Kan… beim Reisesaal. Schau es dir an, über der Tür ist so … eine Art … weißes Dings … das jedes Mal, wenn man reingeht, pffft macht. Ich sag's dir: Die vergasen uns.«

»Aber nein, Michk', das ist ein Duftzerstäuber, der sorgt für ein besseres Raumklima.«

»Das Klima hier ist mir ungeheuer, und so ein Duft wird es auch nicht verheitern. Schau es dir an, wenn du nachher gehst.«

»Wenn du unbedingt möchtest. Aber du machst dir unnötige Sorgen. Du bist hier in Sicherheit. Weißt du das?«

»Wenn du meinst.«

Michka steht vor der bösen Direktorin.

Der Gesichtsausdruck dieser Frau und ihre steife Haltung legen nahe, dass es sich um einen Albtraum handelt, doch in diesem Augenblick ist sich Michka dessen nicht sicher.

Die Direktorin spricht in festem, leicht ungeduldigem Ton mit ihr.

»Können Sie die Arme heben, Madame Seld?«

Michka gehorcht.

»Noch höher!«

Michka streckt die Arme zum Himmel.

»Sie haben seit Ihrer Ankunft hier einiges an Gelenkigkeit eingebüßt, Madame Seld. Enorm viel. Das ist häufig so, das sage ich Ihnen lieber gleich, dieser spektakuläre Niedergang, der einsetzt, sobald die Heimbewohner hier einziehen, aber glauben Sie ja nicht, wir würden deshalb in Mitleid zerfließen. Dazu haben wir keine Zeit. Die Warteliste ist lang, wie Sie wissen. Ich fasse also zusammen: Autonomieverlust bei der Körperpflege und dem Anziehen …«

»O nein, ich ziehe mich ganz allein an.«

»Nicht mehr lange. Noch einmal: Autonomieverlust bei der Körperpflege, dem Anziehen, dem Essen …«

»O nein, entschuldigen Sie bitte, aber ich kann wunderbar allein essen!«

»Die Sprachfähigkeit ist zunehmend gestört: Aphasie, Paraphasie, die Wörter entfallen, das ergibt ein eindeutiges Bild.«

»Wissen Sie, in meinen Träumen entfallen mir die Wörter nicht. In meinen Träumen kann ich sehr gut sprechen.«

»Das glauben Sie nur. Oder Sie wollen es uns weismachen. Aber wo ist der Beweis dafür?«

»Na, hier zum Beispiel. Ich spreche doch, oder?«

Die Direktorin bricht in Lachen aus. Ein dämonisches Lachen. Das plötzlich verstummt.

»Wir werden jetzt nicht die ganze Nacht darüber reden. Wie sieht Ihr Zeitplan für die Zukunft aus?«

Michka ist ein bisschen aus der Fassung.

»Ich weiß nicht …«

»Möchten Sie in unserer Einrichtung bleiben?«

»Nicht allzu lange, aber ich erwarte Nachrichten. Ich kann nicht einfach so weggehen, verstehen Sie.«

»Dann werden Sie sich große Mühe geben müssen. Sie müssen, erstens, Ihr Bett ordentlich machen und nicht nach Art einer Jugendlichen. Zweitens engagiert an den Übungen von Monsieur Milloux teilnehmen, wo Sie standhaft die Mitarbeit verweigern …«

»Das stimmt überhaupt nicht, ich gebe mir wirklich Mühe.«

»Nicht genug. Drittens die Sperrstunde einhalten. Viertens die Whisky-Flasche aus Ihrem Schrank entfernen.«

»Ach … das wussten Sie?«

»Ich weiß alles, Madame Seld. Die effiziente Führung einer Beherbergungsstätte für hilfsbedürftige alte Menschen bedarf eines gründlichst arbeitenden Geheimdienstes. Wie gedenken Sie sich zu verteidigen?«

»Es tut mir leid, ich wollte Sie nicht verärgern. Gar nicht. Aber wir müssen doch ein paar Kleinigkeiten verstecken. Verstehen Sie das nicht? Um lebendig zu sein. Wir müssen doch ganz allein in unserem Winkel ein paar kleine Sachen tun, die ein ganz klein wenig verboten sind, und die Tür hinter uns zumachen dürfen, wenn wir unsere Ruhe brauchen. Verstehen Sie das? Das geht nicht gegen Sie, Madame …«

»Rosbeef.«

»Es geht nicht gegen Sie, Madame Rosbeef. Wir brauchen nur das Gefühl, wir seien noch ein bisschen frei, denn sonst: Wozu das alles?«

»Ja, das frage ich Sie, Madame Seld! Das ist die eigentliche Frage: Wozu das alles?«

Mit diesem Worten geht die Direktorin. Ihre Schritte hallen durch den Flur.

Jérôme

Im Verlauf weniger Wochen ist ihr Sprechen langsamer und gewundener geworden, manchmal hält sie völlig desorientiert mitten im Satz inne oder aber sie verzichtet auf das fehlende Wort und geht direkt zum nächsten über. Ich lerne es, den Wegen ihrer Gedanken zu folgen.

Ich bin besiegt. Ich weiß es. Ich kenne diesen Punkt, an dem es kippt. Ich kenne den Grund nicht, aber ich kann die Auswirkungen einschätzen. Die Schlacht ist verloren.

Dennoch darf ich nicht nachlassen. Bloß nicht. Sonst wird es noch schlimmer. Der freie Fall.

Man muss kämpfen. Um jedes Wort. Jeden Zentimeter. Nichts aufgeben. Keine Silbe, keinen Konsonanten. Was bleibt, wenn die Sprache nicht mehr da ist?

Wir haben zehn Minuten lang Übungen gemacht, an denen sie sich bereitwillig beteiligt hat, aber jetzt scheint sie ihren Sättigungspunkt erreicht zu haben.

»Möchten Sie aufhören, Michka?«

»Es führt nicht.«

»Aber ja doch, ich schwöre es Ihnen, es führt zu etwas.«

Einige Sekunden lang sagt sie nichts. Ich kenne sie jetzt und weiß, dass sie nach einem solchen Schweigen oft von einer Erinnerung erzählt oder einem etwas anvertraut.

»Es ist jammerschade. Wissen Sie ... Ich denke so oft daran ... nachts. Wegen des Anschlags in der Zeitung. Aber es geht niemand dran. Ich denke an sie. Stellen Sie sich vor, drei Jahre ... ohne etwas zu sagen ... wenn je ... Es war sehr gefährlich, müssen Sie wissen ... sie hätten ... transportiert werden können ... Auch sie ... sehr gefährlich ... Es gab ... einen Wassertrauf, an den wir gingen ... wir badeten ... Daran erinnere ich mich ... mit dem Hund ... Ich habe noch einige ... wie diese ... etwas unklare ... Ich hätte mir ... so gewünscht ... es ihnen zu sagen. Es ist jammerschade ...«

»Michka, es tut mir sehr leid, aber ich kann Ihnen im Augenblick nicht folgen. Sprechen Sie von Ihren Eltern?«

»Nein. Meine Eltern ... die sind ... in Rauch auf...«

»Sind sie eingeäschert worden?«

»Stärker.«

Ich sehe sie einige Momente lang an, ihr Kinn hat zu zittern begonnen.

»Haben Sie sie gekannt?«

»Nicht so.«

»In welchem Jahr wurden Sie geboren, Michka?«

»1935.«

»Sind Ihre Eltern deportiert worden?«

Sie nickt. In ihrem Gesicht ist zu sehen, wie sie der Schmerz brutal überfällt. Kein Wort mehr, nach dem sie greifen könnte.

»Sind sie zurückgekehrt?«

Sie macht eine verneinende Kopfbewegung.

Sie steht auf und geht Richtung Badezimmer.

Ihren Stock hat sie nicht mitgenommen. Sie kennt das Zimmer auswendig. Jede Möglichkeit, sich abzustützen. Rechte Hand, linke Hand.

Ich sage nichts. Ich warte.

Ich höre Wasser laufen.

Einige Minuten später kommt sie aus dem Badezimmer und setzt sich wieder. Sie lächelt mich an.

»Sie kommt jetzt nicht mehr so oft. Wegen des anderen Umstands.«

»Marie?«

»Ja. Der Doktor hat das gesagt … Nicht zu viel Hin und Über.«

»Wahrscheinlich hat sie Wehen. Man darf das Kind nicht

in Gefahr bringen. Zum Glück kommt Madame Danville Sie ja noch hin und wieder besuchen.«

»Ja und auch Armande, das ist die, die ich gern mag. Im Speisesaal sitzen wir … im selben Rang.«

»Ah ja. Sie wirkt sehr dynamisch, diese alte Dame.«

»Sie geht in alle Anstalten, aber ich … bin … zu …«

»Ja, stimmt, sie geht zu vielen Veranstaltungen. Aber Sie, Michka, Sie werden ja jetzt gewissermaßen Großmutter!«

»Ja, wenn man so will. Wissen Sie, es ist seltsam … Wie soll ich Ihnen sagen … Es gibt da ein … eine … eine Art Runde, nicht wahr? Oder eher einen … einen (Sie deutet mit Handbewegungen einen Kreis oder eine Gesamtheit an.) … der sich … Glück für Glück … bildet … Verstehen Sie?«

»Sagen Sie mir noch ein bisschen mehr dazu.«

»Es sind … Veilchen, die eins nach dem anderen ihren Platz finden … die zusammenpassen wie ein … P… P… P…«

»Puzzle?«

»Ja genau. Das ergibt einen Gin. Im richtigen Augenblick. Wenn man Mühe hat, einen zu ernennen … weil alles so schwerlich geworden ist. Verstehen Sie?«

»Ich glaube, ja.«

»Und Marie, haben Sie sie noch nicht sehen gelernt?«

»Kennengelernt?«

»Ja.«

»Nein, ich habe sie noch nicht kennengelernt, sie kommt selten unter der Woche, und ich komme nie am Wochenende, wie ich Ihnen ja schon sagte.«

»Wissen Sie, dass sie in derselben … Landschaft wohnte, als sie … klein war?«

»Ja, Michka, darüber haben Sie mir anfangs, als Sie hier eingezogen sind, viel erzählt.«

»Das habe ich Ihnen erzählt?«

»Ja, bei unseren ersten Sitzungen. Sie haben mir von Marie erzählt und mir erklärt, sie sei ein kleines Mädchen gewesen, das in der Wohnung über Ihrer gelebt hat und um das Sie sich oft gekümmert haben. Und dann war da auch noch Madame Danville, die Concierge des Hauses, die Sie ja auch jetzt regelmäßig besucht.«

»Ja, mit den Pralinen. Sie ist wirklich … hett. Wissen Sie, sie tele… jeden Tag. Jeden Morgen. Ob es regnet oder die Sonne schneit. Jeden Morgen, als Tagesanklang.«

»Sie telefoniert mit Ihnen?«

»Ja genau. So hat sie es auch gemacht, als ich noch zu Hause wohnte. Jeden Tag teflonieri, ob es mir gut geht. Stellen Sie sich das mal vor!«

»Ja, das stimmt, das ist wirklich besonders nett. Ist sie noch Concierge in Ihrem früheren Haus?«

»Nein. Sie hat ihre Ränke eingereicht und ist fortgegangen … verlassen und in … das Grün gezogen. Wissen Sie, Marie ging auch zu ihr, wenn ich keine Zeit hatte. Aber vor allem kam sie zu mir.«

»Und Maries Eltern?«

»Vom Vater nicht bekannt. Und ihre Mutter, die … diese junge Frau war so … traurig. Manchmal verbrachte sie den ganzen Tag verschlossen … verließ das Bett nicht … immer nur schlafen, schlafen, verstehen Sie, und die Decke verschlossen, die Türen verschlossen, die Augen verschlossen, aber manchmal ging sie auch einfach so weg, ohne gescheit zu sagen, erst nur in der Nacht und später dann mehrere Tage in Flucht.«

»Sie hat ihre Wohnung verlassen?«

»Ja, so war das.«

Ich spüre, dass diese Erinnerungen sie verstören. Sie gibt selten etwas von der Vergangenheit preis.

»Ich sah sie in der Landschaft, die Kleine. Mit ihrer Mutter oder auch ganz einzeln. Sie … mit Puppen oder … Plastiksachen. Eines Tages ging ich in den Park … Es war sehr kalt. Sie war mit ihrer Mutter dort, sie …«

»Gingen spazieren?«

»Ja, aber die Kleine ohne Hantel.«

»Ohne Mantel?«

»Ja, sie hatte keinen. Und die Mutter, die redete und redete, sie war hett zu ihr, aber so, als ob … sie es nicht merkte. Die Kälte. Da habe ich Marie meinen harmen Pullover gegeben und zu ihr gesagt: Du kannst kommen, wann immer du willst.«

»Hatte Marie Sie wiedererkannt?«

»Ja, ganz sicher. Wir sahen uns oft im … Steilenhaus.«

»Und, ist sie gekommen?«

»Ja, einige Tage darauf hat sie geklopft. Ich war … so … Aber was konnte ich tun? Sie hat zu Abend gegessen und ist dann wieder gegangen. Dann kam sie wieder … sehr oft … Auch zum Schlafen. Und danach fast die ganze Zeit bei mir.«

»Und Sie haben sich nicht an die Jugendbehörde gewandt?«

»Nein. Ich habe daran gedacht, aber ich habe auch an dieses Wort gedacht, wissen Sie … dieses Wort … das Angst macht.«

»Welches Wort, Michka?«

»Der, der … verpfeift. Als Ver… Als Fär… Als Verb.«

»Denunzieren?«

»Ja. Denunzieren, das ist nicht nötlich wissen Sie. Ich brachte es nicht übers Herz … Ihre Mutter … versuchte zu… rechtzukommen, sie war ganz … verstehen Sie? Auch sie hat manchmal bei mir geschlafen. An manchen Tagen war sie sehr in Ordnung, und manchmal sogar mehrere Zeit. Dann kümmerte sie sich um die Kleine.«

»Und jetzt?«

»Sie ist … gestorben. Marie war gerade … groß …«

»Volljährig?«

»Ja. Ein … (Sie sucht ein Wort und findet es nicht.) mit dem Auto.«

»Ein Unfall?«

»Ja.«

»Und dann haben Sie sich um sie gekümmert?«

Schweigen umfängt uns.

»Das sind alles sehr schmerzliche Erinnerungen für Sie, nicht wahr, Michka?«

»Ja, aber jetzt … ist es … etwas anderes. Völlig … Änderung.«

»O ja, das verstehe ich. Jetzt ist Marie schwanger, und es geht ihr gut, und das ist doch wunderbar, oder?«

»Aber ich werde nicht erzählen können.«

»Wem?«

»Dem Kind. Ich wollte erzählen wie eine … eine … Ach, Sie haben es gerade noch gesagt.«

»Eine Großmutter?«

»Ja.«

»Und warum sollten Sie nicht erzählen können?«

»Zu viel … zerlöchert … Und außerdem bin ich so … ausgeschöpft. Sie auch?«

»Nein, Michka, mir geht's gut, ich bin nicht erschöpft. Bei Ihnen ist das normal, Sie haben heute viel gesprochen. Aber Sie erscheinen mir ein wenig traurig in letzter Zeit, stimmt das?«

»Wissen Sie was? Die Fuchsfrau hat mir Kanonen mitgebracht.«

»Zitronen?«

»Nein …«

Sie legt Daumen und Zeigefinger zusammen und sieht mich durch das so entstandene Loch eine Spur spitzbübisch an.

»Bonbons?«

»Nein … Wie ein … H… H… ügelchen.«

»Makronen?«

»Ja genau! Möchten Sie eine?«

»Zu einem Makrönchen sage ich nicht Nein. Und dann hören wir für heute auf, einverstanden?«

»Und Sie, haben Sie Kinder?«

»Nein, Michka, ich hätte gern welche gehabt, aber bevor es dazu kam, waren wir geschieden.«

»Tatsächlich? Und Sie haben kein Neues?«

Ich kann nicht anders, ich lache.

»Sie sind aber ziemlich neugierig, Michka! Nein, ehrlich gesagt, nichts wirklich Neues.«

»Aber was Ihren Vater angeht …«

»Ach, es ist ja auch lange her.«

Wir sehen uns einige Sekunden lang an, ich lächle ihr zu.

»Ich habe nachgedacht. Sie sollten vielleicht … schreiben … Das wäre ein … Kitt … ein Schritt.«

»Ich werde darüber nachdenken, Michka. Warum macht Ihnen diese Geschichte mit meinem Vater so zu schaffen?«

»Sie sind es.«

»Wie meinen Sie das, ich bin es?«

»Sie sind der, den es schafft.«

»Aber nein, gar nicht. Machen Sie sich keine Sorgen. Und was Ihre Medikamente angeht, ließ sich das regeln?«

»Ja, sehr gut. Sie haben mir die Zweiundzwanzig-Uhr-Pillen … vorgestreckt. Es ist gut so.«

»Gut, dann lasse ich Sie allein, damit Sie sich ausruhen können. Bis Donnerstag?«

Ich bin Logopäde. Ich arbeite mit den Wörtern und dem Schweigen. Dem Ungesagten. Ich arbeite mit der Scham, dem Geheimnis, der Reue. Ich arbeite mit dem Fehlenden, mit verschwundenen Erinnerungen und solchen, die durch einen Vornamen, ein Bild, einen Duft wieder geweckt werden. Ich arbeite mit den Schmerzen von gestern und denen von heute. Mit den vertraulichen Mitteilungen.

Und der Angst vor dem Sterben.

Das gehört zu meinem Beruf.

Aber was mich immer noch erstaunt, was mich regelrecht verblüfft und mir – noch heute, nach mehr als zehn Jahren im Beruf – manchmal den Atem raubt, ist die Langlebigkeit von als Kind erlebtem Schmerz. Eine trotz der Jahre brennende, glühende Wunde. Die nicht verschwindet.

Ich sehe meine Alten, sie sind siebzig, achtzig, neunzig Jahre alt und erzählen mir ferne Erinnerungen, sie sprechen von alten, altehrwürdigen, prähistorischen Zeiten, ihre Eltern sind seit fünfzehn, zwanzig, dreißig Jahren tot, doch der Schmerz des Kindes, das sie einmal waren, ist immer noch da. Unvermindert. Er lässt sich an ihrem Gesicht ablesen und in ihrer Stimme hören, mit bloßem Auge sehe ich ihn in ihrem Körper, in ihren Adern pochen. In einem geschlossenen Kreislauf.

Als ich an jenem Tag komme, ist sie sehr aufgewühlt. Wütend und den Tränen nahe steht sie mitten im Raum. Ihr Zimmer ist ungewöhnlich unordentlich, es sieht aus, als hätte sie angefangen, die Möbel umzustellen, aber dann doch aufgegeben, bevor sie fertig war.

Ich klopfe noch einmal und trete dann auf Zehenspitzen ein.

»Guten Tag, Michka, wie geht es Ihnen?«

»Überhaupt nicht.«

»Sie kommen mir zornig vor, stimmt das?«

»Es ist die Kommandantin, sie braucht plötzlich auf, ohne … anzuhopfen, und will immer alles … aufbäumen.«

»Die Praktikantin?«

»Ja.«

»Sie kommt herein, ohne zu klopfen?«

»Ja.«

»Sie müssen mit ihr darüber reden, Michka. Auch was das Aufräumen angeht. Und wenn sie nicht auf Ihre Bitten eingeht, müssen Sie mit der Heimleiterin sprechen.«

Sie setzt sich in ihren Sessel.

»Aber ich kann nichts mehr sagen, und deshalb versteht sie mich nicht. Selbst wenn ich im … in der … bin, kommt sie einfach angeranzt.«

»Soll ich mal mit ihr reden?«

»Nein, nein, bloß nicht. Dann wird sie wütend. Und Sie? (Ihr Blick scannt mich.) Sie wirken traurig.«

Alte Menschen sind wie Kinder, man kann ihnen nichts vormachen.

»Tatsächlich, finden Sie? Aber ich versichere Ihnen, es ist alles in Ordnung.«

»Sprechen … ist so schwerlich … es macht so müde, wissen Sie.«

»Ich verstehe, Michka.«

»Neulich … hatte ich … (Sie macht mit einer Hand eine seltsame, auf den Kopf deutende Geste.) Ich würde ihn gern sagen … aber er ist zu weit weg.«

»Einen Traum?«

»Ja, aber einen bösartigen.«

»Einen Albtraum?«

»Ja, mit der … großen Regimentin … Sie wollte mich losmachen.«

»Sie sind in letzter Zeit sehr ängstlich, Michka. Haben Sie schon mit den Pflegerinnen darüber gesprochen?«

»Nein, das kann ich nicht … Man darf den Kommandantinnen nicht zeigen, dass man bröckelt … Das geht auf keinen Fall.«

Sie geht ein wenig durchs Zimmer, dann kommt sie auf mich zu.

»Ich wollte Ihnen sagen …«

»Ja?«

»Es ist das … Wissen Sie, es nicht mehr das, was es mal war. Es hat sehr abgenommen … Und außerdem vergesse ich die … Alles ist dann wie … verschollen … verschwunden … Das macht mich … wund.«

»Das macht Ihnen Angst?«

»Ja. Aber auch … kalt.«

»Hat Marie Sie besucht?«

»Nein, damit ist es aus. Sie ist … (Sie deutet mit einer Handbewegung die Horizontale an.) Der Arzt.«

»Sie muss liegen und darf nicht mehr aufstehen?«

»Ja.«

»Für wie lange?«

»Vollzeit.«

»Bis zur Entbindung?«

»Ja.«

»Ach, das ist schade. Aber es geht nun mal um das Wohl des Babys. Und außerdem wird sie Sie oft anrufen und Ihnen erzählen, wie es geht, da bin ich ganz sicher.«

»Ja, aber ich, ich … schaffe es nicht.«

»Mit dem Telefon?«

»Ja. Es ist zu fern.«

»Ich verstehe. Aber es wird nicht sehr lange dauern. Danach kann Marie Sie wieder besuchen kommen. Vielleicht sogar noch vor der Entbindung. Wollen wir versuchen, ein bisschen zu arbeiten?«

»Oje.«

»Heute habe ich ein paar Sachen für eine neue Übung mitgebracht. Und Sie sagen mir dann, wozu die einzelnen Gegenstände dienen und wie man damit umgeht. Okay?«

»Oje.«

Neugierig betrachtet sie das Material, das ich aus meinem

Rucksack hole. Darunter auch einen Briefblock, den ich vor sie hinlege.

»Ah, das ist für … Tiefe … Briefe.«

»Sehr gut und weiter?«

»Das ist ein Flock.«

»Ein Block, ja, und der ist dazu da …«

Sie deutet mit einer Geste Schreiben an, kann aber das Wort nicht finden.

Ich fahre fort.

»Einen Brief zu schreiben.«

»Ja, richtig.«

»Dann erklären Sie mir bitte, wie man das macht.«

»Man nimmt einen … und dann öffnet man den … (Sie tut so, als würde sie einen Füller aufschrauben.) So.«

»Sehr schön. Sehen Sie mir gut zu. Was mache ich, bevor ich zu schreiben anfange?«

»Sie legen … die … Linie …«

»Ja genau, ich schiebe das Linienblatt unter den Bogen, damit ich schön gerade schreibe.«

»Ja.«

»Und dann, wenn man den Brief fertig geschrieben hat, was macht man dann?«

»Man … schippt ihn hinein.«

»Wohinein?«

»In den Um… Um… Umsatz?«

»In den Umschlag. Und dann geht man zur …?«

»Post.«

»Sehr gut.«

»Und Sie?«

»Was ist mit mir?«

»Haben Sie Ihren Brief geschrieben?«

»Welchen Brief, Michka?«

»Den an Ihren Vater.«

»Eins jedenfalls lässt sich feststellen: Wenn Sie sich etwas in den Kopf gesetzt haben, dann bleiben Sie dabei.«

Sie kann ein kleines Aufleuchten von Stolz nicht unterdrücken. Ich lächle.

»Nein, Michka, noch nicht. Wir werden sehen. Aber es trifft sich doch gut, wie wäre es, wenn wir uns heute darin üben würden, ein paar Sätze zu schreiben? Auch Sie haben schon lange nichts mehr geschrieben, Michka, da bin ich sicher. Sie könnten doch auf dem Briefblock ein paar Sätze an Marie schreiben. Sie würde sich freuen, meinen Sie nicht?«

»Ja, aber … mit einem … der. Nicht mit dem.«

»Nicht mit diesem Stift?«

»Nein. Den man entfernen kann.«

»Sie meinen einen Bleistift?«

»Ja.«

»Ich habe sicher einen.«

Ich wühle in meinem Rucksack, finde zwei Stifte und halte sie ihr hin.

»Und einen Rasierer.«

»Einen Radierer?«

»Ja.«

»Ach, den habe ich leider nicht.«

»Aber ich. Schauen Sie in der Schokolade nach.«

Sie zeigt auf ihren Nachttisch.

»In der Schublade?«

»Ja genau.«

»Ich soll einen Radiergummi aus der Schublade holen?«

»Ja. In dem Blechding.«

Ich gehe zu dem Nachttisch, während sie sich an den Schreibtisch setzt.

Ich öffne die Schublade und sehe zwei alte Blechdosen mit der Patina vieler Jahre von der Art, wie die Trödler sie lieben. Ich öffne eine. Und finde darin etwa fünfzig kleine gelbe Tabletten. Ich schrecke so zurück, dass sie beinahe alle herausgefallen wären. Michka hat nichts bemerkt. Ich verschließe die Dose wieder. Mein Herz schlägt viel zu schnell. Ich öffne die andere Dose, die erwartungsgemäß Büroklammern, ein Päckchen Heftklammern und einen Radierer enthält.

Ich nehme den Radiergummi, schließe vorsichtig den Deckel und schiebe die Schublade wieder zu. Michka sitzt über das Blatt gebeugt, auf dem sie, eine Hand auf dem Papier, die andere um den Stift gekrampft, in ihrer zittrigen Schrift ein paar Wörter festzuhalten versucht.

Ich bringe kein Wort heraus.

All die Tabletten in der Dose.

Mindestens fünfzig, vielleicht sogar mehr.

Die sie ohne Wissen des Pflegepersonals aufgehoben hat.

Da fällt mir das Gespräch ein, bei dem ich einige Wochen zuvor anwesend war.

Es sind also Schlaftabletten.

»Liebe Marie«, hat Michka auf das Blatt geschrieben.

Jetzt denkt sie mit erhobenem Stift nach.

Sie sieht mich an, das weiße Papier schüchtert sie ein, für das Weitere braucht sie mich. Ich ermutige sie mit einem Nicken. Sie macht sich wieder ans Werk.

Ich trete näher an sie heran.

Und zögere, bevor ich sie anspreche.

»Michka, sehen Sie mich an.«

Sie hebt den Kopf wie ein kleines Mädchen, das bei einem Diktat unterbrochen wird.

»Horten Sie die Zweiundzwanzig-Uhr-Tabletten?«

»Wie meinen Sie?«

Als ich sie so unschuldig tun sehe, packt mich der unwiderstehliche Wunsch, sie in die Arme zu nehmen.

»Als ich den Radierer suchte, habe ich versehentlich die andere Blechdose geöffnet. Sie wissen, was ich gesehen habe, nicht wahr, Michka?«

Sie zögert kurz. Ich kenne sie. Ich kenne sie inzwischen sehr gut. Manchmal glaube ich sogar, ich kann ihre Gedanken lesen.

»Warten Sie. Ich sage es Ihnen … Es ist nur … ich will nicht … befangen sein … Verstehen Sie das?«

»Sie wollen frei sein?«

»Ja, das ist es. Frei. Ich will es nur wissen. Dass es nötlich ist … zu gehen. Solange ich noch das Gedenken habe.«

Wir schweigen beide lange.

»Sie sagen nicht?«

»Ich muss darüber nachdenken, Michka.«

Michka steht vor der bösen Direktorin, die sie ohne jedes Mitgefühl mustert.

»Madame Seld, leider muss ich Ihnen mitteilen, dass wir vor einigen Tagen einen Brief erhalten haben, in dem Sie einer Reihe ganz bestimmter Delikte bezichtigt werden und der überdies eine Liste aller Dinge enthält, die Sie offiziell und inoffiziell besitzen.«

»Tatsächlich? Aber wer kann denn so etwas getan haben?«

»Wer Sie denunziert hat, spielt keine Rolle. Ein Nachbar, eine Nachbarin, ein Besucher, eine Krankenschwester oder Ihre Freundin Grace Kelly! Oder vielleicht auch eine Pflegerin, die ein Auge auf Ihren Ventilator oder Ihr Stereotransistorradio geworfen hat! So ist die menschliche Natur nun mal, Madame Seld, und ich glaube nicht, dass Sie mit Ihrer Herkunft das nicht wüssten. Sie bilden sich doch nicht ein, die Dinge hätten sich geändert? Die Leute sind für ein paar Möbel oder ein Zimmer mit Aussicht zu allem bereit.«

»Ach wissen Sie, ich habe nicht viel. Ich habe meine Wohnung verkauft, um den Aufenthalt hier bezahlen zu können, ich habe nur noch einen einzigen Ring, und mein Radio ist keinen Sou wert.«

»Das behauptet man. Das behaupten alle. Und dann wird der Sparstrumpf entdeckt. Aber darum geht es jetzt nicht. Ich glaube, Sie wissen sehr gut, worüber wir hier sprechen müssen.«

»Geht es um den Whisky?«

»Tun Sie doch nicht so unschuldig.«

»Ich weiß nicht, was Sie meinen.«

»Tatsächlich? Sind Sie ganz sicher? Müsste ich nicht eigentlich sofort die obersten Leitungsgremien der Renten- und der Sterbekasse über den Inhalt Ihrer Schublade verständigen, Madame Seld? Ihrer Nachttischschublade.«

Michka schweigt. Ertappt.

Die Direktorin fährt in eisigem Ton fort.

»Glauben Sie, Sie könnten die Sache einfach so fallen lassen? Ihren Posten verlassen, sich vor Ihren Aufgaben drücken? Glauben Sie, *Sie* dürften das entscheiden? Ich hätte das von einer Frau wie Ihnen nie erwartet. Wir haben Sie angenommen, weil wir dachten, Sie seien unseres Hauses würdig. Weil wir dachten, Sie seien bereit, bis zum Schluss zu kämpfen. Denn das erwarten wir von unseren Mitgliedern: Kampfgeist, Beharrlichkeit, Hartnäckigkeit. Wir stemmen uns seit je gegen die Fluktuation. Es ist eine Frage der Rentabilität. Ich weiß ganz genau, was Sie da aushecken, halten Sie mich nicht für blöd. Ich weiß, was Sie in Ihrer Schublade haben und was Sie damit zu tun gedenken. Deshalb auch bewahren Sie den Whisky auf! Eine reizende Mischung ... Es ist eine Schande, ja, das ist es.«

»Aber nein. Das heißt vielleicht ... oder auch gar nicht. Auf jeden Fall nicht gleich.«

»Aha? Und wieso sollte ich Ihnen das glauben?«

»Weil ich noch hoffe.«

»Was hoffen Sie?«

»Dass ich sie finde. Um gehen zu können.«

»Das hätten Sie sich früher überlegen sollen!«

»Aber ich konnte es ja nicht.«

»Was ist das denn jetzt für eine Geschichte?«

»Es ist kompliziert. Und zugleich sehr einfach.«

Michka setzt sich. Sie versucht, sich an alles zu erinnern, sie sieht die Direktorin nicht mehr an. Sie beginnt zu erzählen. Bald richtet sie ihre Worte nicht mehr an diese Frau, sondern an sich selbst oder an jemanden, der nicht mehr da ist.

»Eine Cousine meiner Mutter hat mich abgeholt. Ich war zehn Jahre alt und hatte sie noch nie gesehen. Es war ihr gelungen, während des Kriegs zu Freunden in die Schweiz zu gehen. Alles musste wieder aufgebaut werden. Auf Asche und Schmerz. Sie hat mich adoptiert, weil sie keine andere Wahl hatte. Wir haben dort gelebt. Sie sagte mir, meine Eltern seien in den Lagern umgekommen und basta. Sie konnte nicht darüber sprechen. Sie verhielt sich so, als hätte es das alles nie gegeben. Vielleicht aus Scham. Sie kennen diese Scham nicht. Und die Traurigkeit. Sie lebte, und alle anderen waren tot. Später habe ich nach meinen Eltern gesucht. Und ihre Spur gefunden. Was sie erlebt hatten, welchen Weg sie gegangen waren. Drancy, Auschwitz. Aber dann gab es auch noch diese Erinnerungen, die mir immer häufiger kamen, die mich regelrecht verfolgten. Ferne Erinnerungen, die zu nichts von dem passten, was man mir erzählt hatte. Diese unbekannten Gesichter, die zu verblassen begannen, der kleine Fluss, in dem wir badeten, das Wäldchen voller Dornengestrüpp hinter dem Haus, die riesigen Wannen, in denen die Wäsche eingeweicht wurde, all diese Bilder, zu denen es keine Erzählung gab. Als hätte das alles nie existiert. Es war wie eine Fiktion, ein Traum, den ich zusammenfantasiert hatte. Ich begriff, dass Fragen Schmerz auslösten und dass es nie Antworten gab. Also akzeptierte ich das Schweigen. Diese Frau hat mich aus Pflichtgefühl aufgezogen. Sie hatte nicht viel Geld und hat meine Ausbildung bezahlt. Als ich volljährig wurde, ging sie wieder zurück nach Polen. Auch dort sind alle tot, aber sie war wieder an den Orten ihrer Kindheit. Ich habe sie dort mehrmals besucht. Bei meinem letzten Besuch kurz vor ihrem Tod hat sie es mir endlich gesagt. Sie hat mir von diesen jungen Leuten erzählt, Nicole und Henri, die ihr Leben riskiert hatten, um meins zu retten. Bei den Vornamen war sie sich nicht ganz sicher, aber für mich hatten sie plötzlich einen vertrauten, innigen Klang. Sie wusste nicht viel über die drei Jahre, die ich dort verbracht hatte. Nur dass sie mich die ganze Zeit bei sich behalten und wie ihre eigene Tochter aufgezogen haben. Nachdem sie gestorben war, habe ich versucht, die beiden zu finden. Aber ich wusste ihren Familiennamen nicht. Sie hatte ihn vergessen.«

Die böse Direktorin, der die Geschichte offenbar nicht sonderlich interessant vorkommt, geht auf und ab, während sie darauf wartet, dass Michka zu einem Ende kommt.

»Na, daraus wollen wir doch kein Drama machen.«

»Sie verstehen es nicht.«

»Ich verstehe es sehr gut, Madame Seld. Sie haben das Gefühl, in einer Schuld zu stehen und unhöflich gewesen zu sein, und damit haben Sie nicht unrecht.«

»Nein, das ist es nicht. Es ist etwas anderes. Etwas viel Größeres.«

»Es ist auf jeden Fall zu spät, das habe ich Ihnen ja schon gesagt. Sie werden nicht die Erste sein, die geht und Schulden hinterlässt. Aber damit das klar ist: *Wann* Sie gehen, das bestimme ganz allein ich.«

Alt werden heißt verlieren lernen.

Heißt jede oder fast jede Woche ein weiteres Defizit, eine weitere Beeinträchtigung, einen weiteren Schaden verkraften müssen. So habe ich es vor Augen.

Und auf der Einnahmenseite steht gar nichts mehr.

Eines Tages nicht mehr laufen, gehen, sich beugen, sich bücken, etwas aufheben, spannen oder falten können, sich nicht mehr zur einen und dann zur anderen Seite, weder nach vorn noch nach hinten drehen können, morgens nicht mehr, abends nicht mehr, gar nicht mehr. Sich unablässig damit abfinden.

Das Gedächtnis verlieren, seine Fixpunkte verlieren und seine Wörter verlieren. Das Gleichgewicht, das Zeitgefühl, das Augenlicht, den Schlaf, das Gehör und den Verstand verlieren.

Das verlieren, was einem geschenkt wurde, was man gewonnen, was man verdient, wofür man gekämpft und wovon man geglaubt hat, man würde es für immer behalten.

Sich neu anpassen.

Sich neu organisieren.

Ohne zurechtkommen.

Darüber hinweggehen.

Nichts mehr zu verlieren haben.

Es fängt mit Kleinigkeiten an. Und dann beschleunigt es sich.

Denn sobald sie hier sind, verlieren sie hoch. In rauen Mengen.

Sie verlieren ein Maximum.

Und sie wissen, dass es sie trotz ihrer Anstrengungen – dieses täglich immer wieder bei null angefangenen Kampfes –, trotz dieses guten Willens, den sie zeigen, früher oder später erwischt.

Ich habe an die Tür geklopft, aber sie hat nicht reagiert.

Ich habe sie auf dem Gang gesucht, weil ich dachte, sie sei vielleicht noch nicht vom Mittagessen zurück. Ich habe die Pflegehelferinnen gefragt, wo sie sei, aber die waren sicher, sie hätten sie in ihr Zimmer gehen sehen.

Ich kehre vor die Tür zurück und klopfe noch einmal. Da ich sie nicht antworten höre, öffne ich und trete vorsichtig ein. Sie sitzt in ihrem Sessel und blickt ins Leere. Ihr Gesicht erscheint mir ausgezehrter. Sie wendet sich mir zu und lächelt. Ich habe sie lange nicht gesehen, sie war krank, und wir mussten mehrere Sitzungen ausfallen lassen. Nach wenigen Sekunden ist mir klar, dass es nicht mehr lange dauern wird.

Ein Faustschlag in den Magen hätte nicht weher tun können. Ich weiß nicht, warum ich so großen Schmerz empfinde. Am liebsten würde ich weinen.

»Guten Tag, Michka, wie geht es Ihnen?«

Sie lächelt wieder, antwortet aber nicht.

»Sind Sie müde?«

Sie bestätigt es mit einem winzigen Nicken.

»Ich kann zu einer anderen Zeit wiederkommen, wenn Ihnen das lieber ist.«

Sie sieht mich an, antwortet aber nicht.

»Soll ich ein bisschen bei Ihnen bleiben?«

»Ja.«

Ich nehme den Stuhl und gehe auf sie zu.

»Ich wollte Ihnen sagen … Es ist …«

Sie deutet mit der Hand etwas an, das entflieht oder sich vor ihr in Luft auflöst. Diese Geste der Ohnmacht verstört mich.

»Alles ist …«

»Aber nein, Michka, es ist nicht alles weg. Sie machen gerade eine Phase großer Erschöpfung durch, so etwas kommt vor, Sie müssen sich ausruhen, und dann können wir wieder ein bisschen arbeiten.«

»O nein, ich … Aber vielleicht könnten Sie …«

»Ich bleibe einen Moment bei Ihnen, keine Sorge. Hat Marie Sie angerufen?«

»Ja, aber …«

Wieder diese Geste der Ohnmacht.

»Ich … kann nicht … Deshalb … muss …«

»Erzählt sie Ihnen, wie es ihr geht?«

»Ja. Sie … ist so … aber ich … nicht mehr. Zu viel … und schon so lange … Immer muss ich … es ist so schw… schwerlich.«

Sie sieht mich mit so etwas wie Schuldbewusstsein an.

»Keine Sorge, Michka, es wird wieder besser.«

Schweigen nistet sich zwischen uns ein.

Ich könnte ein Spiel vorschlagen oder meinen Laptop aus dem Rucksack holen, um ihr ein paar Bilder zu zeigen oder ihr Musik vorzuspielen. Populäre Lieder aus der Zeit, als sie ein junges Mädchen war. Damit kann man wunderbar Erinnerungen wecken. Die Heimbewohner mögen es sehr.

Aber ich schweige.

Manchmal muss man sich der Leere stellen, die der Verlust hinterlassen hat.

Auf Ablenkungen verzichten. Akzeptieren, dass nichts mehr zu sagen ist.

Neben ihr sitzen.

Ihre Hand nehmen.

So bleiben wir sitzen, sie schließt die Augen. Ich schaue nicht auf die Uhr.

Ich spüre, wie sich ihre Handfläche in meiner Hand erwärmt.

Ich glaube, auf ihrem Gesicht eine Welle von Wohlbefinden wahrzunehmen.

Nach einiger Zeit stehe ich auf.

»Ich besuche Sie morgen wieder, Michka.«

Als ich gerade die Tür hinter mir schließen will, ruft sie mich.

»Jérôme?«

Sie spricht mich selten mit meinem Vornamen an. Meistens ist er ihr entfallen.

»Ja?«

»Dante.«

Ich kann sie vor mir sehen, als wäre ich dort – die leeren, ausgedörrten Weiten, die verwüsteten Wege, die mitten in ihren Sätzen auftauchen, wenn sie zu sprechen versucht. Trost- und lichtlose Landschaften von beängstigender Flachheit, und nichts, gar nichts mehr, woran man sich klammern könnte. Weltuntergangsbilder. Sie beginnt einen Satz, und schon fehlen ihr die Wörter, sie kippt, als fiele sie in ein Loch. Es gibt keine Wegmarken und Anhaltspunkte mehr, denn kein Pfad vermag diese unfruchtbaren Böden zu durchqueren. Die Wörter sind verschwunden und lassen sich mit keinem Bild mehr einkreisen. Ihre Stimme, vom Schraubstock der Niederlage erstickt, beginnt sich aufzulösen. Unbekannte Hindernisse versperren ihr den Durchgang. Dunkle Massen, auch sie nicht benennbar. Es lässt sich nichts mehr teilen. Und jeder ihrer Versuche fällt in einen bodenlosen Brunnen, aus dem nie mehr etwas geborgen werden kann. Sie sucht in meinem Blick nach einen Indiz, einem Schlüssel, einen Umweg zum Ziel. Doch mein Blick bietet keine Hilfe, keine Umleitung. Die Straße ist gesperrt.

Der Faden des Austauschs mit den anderen reißt.

Das Schweigen siegt. Und nichts hält sie mehr zurück.

Marie

Ich habe sie nicht angerufen, um mich anzukündigen. Die Gespräche am Telefon sind so lückenhaft und stockend geworden, dass sie bei mir jedes Mal einen schrecklichen Nachgeschmack des Scheiterns hinterlassen.

Ich trete leise ins Zimmer, damit sie Zeit hat, sich an meine Anwesenheit zu gewöhnen.

Sie steht wie erstarrt mitten in einer neutralen Zone zwischen Sessel und Bett nah am Fenster, als hätte ich sie in einem Augenblick der Unsicherheit, des Schwankens überrascht. Es fällt mir auf, es überfällt mich regelrecht, wie sehr sie sich im Verlauf weniger Wochen verändert hat.

Sie ist alt.

Jetzt ist es so weit.

Ihr Gesicht ist ausgezehrter, ihre Haut hat nicht mehr dieselbe Farbe, ihr Körper ist kleiner geworden, ihr Gleichgewicht scheint gefährdeter. Ich darf nichts von dem Schmerz erkennen lassen, den dieser Anblick hervorruft, ich darf weder überrascht noch erschrocken wirken, mein Körper darf auch nicht das leiseste Zurückzucken erkennen lassen. Ich behalte mein Lächeln auf dem Gesicht und gehe auf sie zu.

Sie sieht mich ungläubig an. Sie kann es nicht fassen.

Ich ahne, welchen Weg diese Information zurücklegen

muss, um in ihr Hirn zu gelangen, zumal ich mich nicht vorher angekündigt hatte: Ja, das bin wirklich ich, die im Zimmer steht und auf sie zugeht.

»Na so was, Marie … Aber der Doktor?«

Sie ist beeindruckt vom Umfang meines Bauchs. Und gerührt.

Wir umarmen uns, sie hält sich am Bettgitter fest, um nicht ins Schwanken zu geraten.

»Ach weißt du, ich liege ja die ganze Zeit irgendwo in meiner Wohnung auf dem Bett oder dem Sofa herum, bei Tag und bei Nacht, das macht mich noch verrückt, also habe ich beschlossen zu fliehen! Ich wollte dich gern sehen.«

»War … War es der … junge … Jé… Hat der Junge dich berichtigt?«

»Ja. Jérôme Milloux hat mich angerufen. Er sagte, er würde für eine Woche in die Ferien fahren und fände dich in letzter Zeit ein wenig traurig, deshalb wäre ihm nicht wohl dabei wegzufahren, weil du dann eine Woche lang keinen Besuch bekämst. Denn Madame Danville hat die Grippe, wusstest du das?«

»Ah … Aber er … Das war doch nicht … Also wirklich … Du, du musst … vorsichtig sein.«

»Setz dich hin, Michka, ich bleibe noch einen Augenblick. Ich muss mich übrigens auch setzen. Keine Sorge, ich bin mit dem Taxi gekommen und nehme auch eins für den Rückweg. Und seit dieser Woche ist es für das Baby nicht mehr gefährlich, selbst wenn es früher kommt als ausgerechnet.«

Sie setzt sich.

»Ah, so ist es besser.«

Ich sehe sie an. Wir sind bewegt.

»Ich freue mich so, dich zu sehen, Michk'!«

»Und ich. Genauso.«

»Langweilst du dich nicht zu sehr?«

»Ein bisschen … aber nicht so.«

»Weißt du, weil du ja nicht mehr so gut lesen kannst, dachte ich, ich könnte dir einen CD-Spieler und Hörbücher mitbringen. Da gibt es tolle Sachen.«

»Nein … nein … Das ist zu schwerlich.«

»Was ist schwierig? CDs hören?«

»Nein … der … das Gerät.«

»Der CD-Spieler? Aber nein, du wirst sehen, es ist gar nicht so kompliziert. Ich habe einen mit großen Tasten, da steht alles drauf, das nächste Mal bringe ich ihn dir mit.«

»Oje … Wenn du meinst.«

Wir schweigen einige Sekunden lang. Sie sieht mich an. Sie lächelt, aber ich sehe alles. Sie hat aufgegeben. Sie hat es aufgegeben, etwas zu erzählen oder zu erklären. Sie spielt nur noch den Ball zurück.

»Ich weiß nicht mehr, ob ich es dir schon gesagt habe, aber ich bin in der Frauenklinik an eine wunderbare Hebamme geraten. Sie betreut mich.«

»Ah, schön.«

»Und gestern hat mein Chef angerufen und gefragt, wie es mir geht, er ist sehr nett. Obwohl ich ja früher aufgehört habe als geplant, scheint er es mir gar nicht so sehr übel zu nehmen.«

»Und der ... (Sie sucht nach einem Wort, deutet mit der Hand etwas Großes an, etwas, das größer ist als sie.) Der Inder ...«

»Lucas?«

»Ja genau.«

»Nun ... Nächste Woche fliegt er ab. Sie haben seine Abreise vorgezogen, der Mann, der die Stelle in Indien hatte, ist nämlich auch früher versetzt worden als vorgesehen. Deshalb wird Lucas das Baby nicht einmal sehen, bevor er abreist.«

»Ah ... Aber ... jetzt?«

»Er ist ziemlich mit seinem Job beschäftigt, die Vorbereitungen für den Umzug und so, aber er hat mir trotzdem sehr geholfen, er kauft auch immer für mich ein, weil ich mich ruhig verhalten soll, und er hat mich mehrmals in die Frauenklinik begleitet. Aber weißt du, Michk', es geht. Ich komme zurecht. So ist es eben ... Ich wusste es, und ich habe so entschieden. Es wird gehen.«

Wieder Schweigen.

Ich lege die Hände auf meinen Bauch, fühle ihn durch mein Kleid.

»Bewegt es sich?«

»Ja, es bewegt sich, es ist irre.«

»Ganz schön groß.«

»Da hast du recht. Übrigens wird es inzwischen auch ganz schön schwer. Nachts habe ich Mühe, eine erträgliche Stellung zu finden, ständig drehe ich mich wie ein Hähnchen über dem Grill. Und du, Michk', kannst du gut schlafen?«

»Ja ... es geht.«

Ich muss mich daran gewöhnen. An das Schweigen.

»Und wie geht es Armande?«

»Sie war auch … schwer in der Grippe … Im … nicht … gesehen.«

»Sie ist also in ihrem Zimmer geblieben?«

»Ja. Noch … da.«

»Die Tage werden dir sicher lang, arme Michk'.«

»Nicht so. Aber … ich nütze nicht.«

»Und fernsehen?«

»O nein, weißt du … zu viel Gedärm.«

»Neulich habe ich einen Film gesehen, den Lucas mir auf den Computer geladen hat. Ich war ganz allein zu Hause, und ich habe in aller Ruhe auf meinem Sofa gelegen und ihn mir angeschaut. Und als der Film zu Ende war, habe ich geweint, aber so was von geweint! Das kannst du dir nicht vorstellen … Ich konnte gar nicht mehr damit aufhören.«

»Oh … Das ist vielleicht … weil du … Anker.«

»Nein, nein. Das heißt, ja vielleicht, aber nicht nur deshalb. Soll ich dir den Film erzählen?«

Endlich ein kleiner Funken in ihrem Blick. Sie liebt es, wenn ich ihr Filme, Bücher oder etwas aus dem Leben meiner Freunde erzähle. Sie hört mir dann mit dieser besonderen Aufmerksamkeit zu, die sie sich für Geschichten aufhebt.

»Es ist die Geschichte eines etwa zwölf- bis dreizehnjährigen Jungen, der bei seinem Vater aufwächst. Der Film spielt in Belgien, in einer ziemlich armen Gegend, die von der Wirtschaftskrise gebeutelt wird. Man begreift, dass die Mutter des Kleinen fortgegangen ist, weiß aber nicht warum. Der Vater ist zu seiner Mutter zurückgekehrt, der Großmutter des Jungen, bei der auch die beiden Brüder des Vaters leben, sie sind alle arbeitslos, sie fangen nichts mit ihrer Zeit an, sie trinken nur. Es ist eigentlich nicht traurig, es gibt sogar sehr fröhliche Momente, sie liefern sich Radrennen, sehen fern, aber der Vater schlägt den Kleinen regelmäßig. Vielleicht weil er spürt, dass sein Sohn ihm entwächst oder dass an ihm etwas anders ist. Eines Tages bekommen sie Besuch von einer Sozialarbeiterin. Der Vater wird verrückt vor Wut und schlägt die Großmutter, weil er sicher ist, dass sie das Jugendamt alarmiert hat. Die Großmutter sagt nichts. Der Junge wird auf ein Internat geschickt, beginnt zu lesen und zu lernen, er fängt ein neues Leben an. Später erfährt man, dass er Schriftsteller geworden ist und mit einer Frau zusammenlebt, die ein Kind erwartet. Gegen Ende gibt es einen wunderbaren Augenblick, wo er seine Großmutter besucht, die in einem Altenheim lebt. Er kommt, um ihr Danke zu sagen. Er dankt ihr, weil sie ihn nicht verraten hat, weil sie dem Vater nicht gesagt hat, dass nicht sie das Jugendamt alarmiert hat. Denn in Wahrheit war er selbst es gewesen. Du kannst dir nicht vorstellen, wie ich geweint habe. Es ist ein sehr schöner Film über den Ursprung der Dinge, über das, was jeder aus seiner Vergangenheit heraus tut. Er hätte dir gefallen, Michka, da bin ich sicher.«

Mit einem Mal wirkt sie nachdenklich.

»O ja … Ja.«

»Ich möchte dir auch Danke sagen, Michka. Danke für alles. Ohne dich wäre ich nicht das, was ich geworden bin. Ohne dich hätte ich nicht in der Rue des Amandiers bleiben können, ohne dich hätte ich vielleicht keine Zuflucht gefunden. Und später hätte ich nicht studieren können, und dann, als ich krank wurde, bist du auch da gewesen, und weißt du, ich bin nicht sicher, ob ich … wieder auf die Beine gekommen wäre. Ohne dich.«

Michka versucht, ihre Rührung zu verbergen, sie tastet in ihrer Hosentasche nach einem vielleicht, vielleicht auch nicht, vorhandenen Papiertaschentuch.

»Oh … Aber nicht doch.«

»Aber ja doch.«

»Du … du … überträgst immer.«

Wir verstummen beide für einige Sekunden.

»Wie heißt das?«

»Der Film?«

»Ja.«

»La Merditude des choses.«[2]

»Ah … Die *Mercitude*, die Bedanktheit …«

Sie denkt einen Augenblick lang nach, plötzlich sehr ernst.

»Das Wort ist … höflich … hübsch … Aber bist du sicher, dass es das gibt?«

Es ist dunkel geworden. Die geblümten Vorhänge sind zugezogen.

Michka steht ganz allein mitten in ihrem Zimmer unter dem gelblichen Licht der Deckenlampe. Still führt sie eine Reihe von Bewegungen aus. Zunächst vorsichtig, dann immer kühner.

Sie tanzt.

Sie hebt die Arme, dreht sich um sich selbst. Neigt sich zu einer Art Verbeugung vor und richtet sich dann stolz auf.

Mehrmals droht sie das Gleichgewicht zu verlieren, doch jedes Mal fängt sie sich.

Wie in einem Traum ist wieder die Stimme des kleinen Mädchens zu hören.

Darf ich bei dir schlafen? Lässt du das Licht an? Bleibst du da? Kannst du die Tür offen lassen? Bleibst du bei mir? Können wir beide zusammen frühstücken? Hast du etwa Angst? Weißt du, wo meine Schule ist? Und du lässt bestimmt das Licht an? Kommst du mit mir, wenn Maman nicht kann?

Michka breitet die Arme aus und legt sie dann um ihren eigenen Körper, die Hände flach auf dem Rücken. So umarmt sie sich einen Augenblick lang selbst, als wollte sie jemanden festhalten oder ein Kind in den Armen wiegen.

Die wirkliche Heimleiterin betritt das Zimmer, nachdem sie vorher angeklopft hat. Michka liegt im Bett.

»Guten Tag, Madame Seld. Wie geht es Ihnen?«

»Ja. Es geht mir gut.«

»Monsieur Milloux, Ihr Logopäde, ist diese Woche in Urlaub, wissen Sie noch?«

»Ja, natürlich.«

»Er hat mich heute Morgen angerufen und mich gebeten, Ihnen etwas auszurichten. Er hat mir gesagt, dass es sehr wichtig ist. Da Sie nicht mehr so gut telefonieren können, hat er es mir gesagt.«

Sie zieht aus ihrer Tasche einen Zettel, auf dem sie einige Wörter notiert hat, um nichts zu vergessen.

»Ich soll Ihnen sagen, dass er die Leute gefunden hat. Die Leute in La Ferté-sous-Jouarre, die Sie suchen. Sie wohnen da nicht mehr, aber sie sind noch in der Gegend. Er wird die Dame besuchen, sie lebt noch. Er wird Ihnen alles erzählen.«

Michka braucht einen Moment, um die Bedeutung der Botschaft zu ermessen.

»B... Be... stimmig«?

»Ja, natürlich, Madame Seld. Ganz bestimmt.«

»Oh ... dante. Dante sehr.«

Michka denkt kurz nach.

»Man müsste es … Marie sagen. Sie … sie …«

»Benachrichtigen?«

»Ja.«

»Ich kümmere mich darum, Madame Seld. Ich rufe sie an und werde ihr wortwörtlich Monsieur Milloux' Mitteilung ausrichten. Das möchten Sie doch, oder? Okay?«

»Ja, oje.«

»Und dann wollte ich Ihnen noch sagen, dass ich mit der Praktikantin gesprochen habe, ich habe ihr die Sache erklärt. Sie hat mir versprochen, künftig aufzupassen und nur hinter Ihnen herzuräumen, wenn es wirklich nötig ist. Sie hat jetzt frei, aber nächste Woche ist sie wieder da, und dann komme ich zu Ihnen und frage nach, ob es besser geht.«

»Ich weiß gar nicht, wie ich mich bei Ihnen …«

»Danken Sie mir nicht, Madame Seld, das ist mein Beruf. So, ich muss los. Ich wünsche Ihnen einen schönen Tag.«

Jérôme

Sie erwartet mich gespannt.

Sie kennt meinen Stundenplan. Sie weiß, dass ich schon morgens im Heim bin, aber wir haben unseren Termin erst um 15 Uhr. Wie jeden Dienstag. Wahrscheinlich fragt sie sich, ob ich vorher rasch bei ihr vorbeischaue und ein paar Worte mit ihr wechsle. Ich habe daran gedacht, hatte aber Angst, es würde sie unnötig aufregen. Ich brauche Zeit, um es ihr zu erzählen.

Es ist 15 Uhr, und endlich trete ich in ihr Zimmer.

Sie hat sich Mühe gegeben und ist aufgestanden. (Vom Pflegepersonal habe ich erfahren, dass sie seit Kurzem häufig den ganzen Tag im Bett bleibt.)

Sie hat sich angezogen und trägt den geblümten Schal, für den ich ihr schon mehrmals ein Kompliment gemacht habe. Sie sitzt in ihrem Sessel.

Bei meinem Anblick hellt sich ihr Gesicht auf.

»Ah! Guten Tag … Jé…«

»Guten Tag, Michka, ich freue mich so, Sie zu sehen. Wissen Sie, Sie haben mir gefehlt!«

Sie lächelt. Streicht sich über das, was vom letzten Waschen und Legen übrig ist.

»Wie fühlen Sie sich?«

»Ach, ganz gut. Na, und … die … Freunde?«

»Ah! Ich habe Ihnen so viel zu erzählen. Sind Sie bereit?«

»O ja. Sehr.«

Sie hat mir ihr Gesicht zugewandt.

Alles scheint verlangsamt: ihr Herzschlag, ihre Bewegungen, ihr Lidschlag. Das Zimmer ist nur noch Stille.

»Ich erzähle es Ihnen von Anfang an. Sie wissen ja, dass ich Marie angerufen habe, bevor ich losgefahren bin. Sie kamen mir sehr müde vor, ich machte mir Sorgen um Sie. Wir haben uns ein bisschen unterhalten. Sie hat mir gesagt, dass Sie diese Leute suchen, die Sie während des Kriegs beschützt haben, und dass Sie noch einmal eine Anzeige aufgegeben haben, aber ohne Erfolg. Sie hat mir alles erzählt, was sie wusste. Marie hat genau gemerkt, wie traurig Sie darüber waren. Da ich noch keine besonderen Pläne für meinen Urlaub hatte, beschloss ich, einfach hinzufahren. Nach La Ferté-sous-Jouarre. Ich improvisiere gern. Ich fand zufällig ein kleines, sehr angenehmes Gasthaus. Ich trieb mich zwei, drei Tage im Ort herum und stellte Fragen, in den Bars, den Bäckereien, beim Notar und beim Arzt. Schließlich fand ich einen alten Schuster, der Nicole und Henri Olfinger gekannt hatte. Die Vornamen passten, und es ging das Gerücht, sie hätten einige Jahre lang ein jüdisches kleines Mädchen versteckt. Der Schuster gab mir den Namen ihrer Tochter, Madeleine, die geheiratet hat und noch in La Ferté lebt. Ich besuchte sie. Sie empfing mich sehr freundlich und bestätigte mir die Geschichte. Ihre Eltern hätten sie oft erzählt. Und an Sie gedacht.«

Ich mache eine Pause, um zu sehen, ob sie es aushalten kann. Sie lässt mich nicht aus den Augen. Sie wartet auf die Fortsetzung.

»Ihre Mutter hat Sie zu diesen Menschen gebracht. Eigentlich wollte sie Sie in die freie Zone schmuggeln und Sie zu Freunden im Departement Rhône bringen. Doch die Strecke wurde bombardiert, und der Zug blieb mitten auf dem Land, in der Nähe von La Ferté-sous-Jouarre, liegen. Ihre Mutter nahm Sie bei der Hand und lief eine weite Strecke mit Ihnen. Schließlich sah sie das erste Haus, einen Kilometer vor der Stadt. Sie sagte Ihnen, Sie sollten unter einem Baum stehen bleiben und sich nicht wegrühren. Dann klopfte sie. Es war Nicole Olfinger, die ihr öffnete. Ihre Mutter beschwor diese Frau, die sie nie zuvor gesehen hatte, ihre siebenjährige Tochter aufzunehmen. Sie sagte: ›Sie müssen mir die Kleine abnehmen. Ich komme wieder, aber heute müssen Sie sie mir abnehmen. Bitte.‹ Henri kam auch zur Tür, dann sahen sich die beiden an und sagten Ja. Ihre Mutter sagte noch einmal, sie würde wiederkommen. Aber sie ist niemals wiedergekommen.«

Ich mache eine weitere Pause. Ich schaue Michka an. Ihr Gesicht verrät nur die äußerste Aufmerksamkeit, die sie meinem Bericht schenkt.

»Sie wussten sehr genau, was sie taten. Was sie riskierten. Sie verbrannten Ihren Mantel mit dem aufgenähten gelben Stern. Sie versteckten Sie. All die Jahre. Den Nachbarn und Freunden sagten sie, Sie seien ihre Nichte. Im Oktober 1943 gab es eine Razzia in La Ferté-sous-Jouarre, etwa fünfzehn Menschen wurden deportiert. Nicole und Henri fürchteten, man würde sie denunzieren, und versteckten Sie die ganze Nacht unter einer Plane in der Scheune, doch es kam niemand. Später, als der Krieg vorbei war, klingelte eines Morgens eine Frau an der Tür. Die Cousine Ihrer Mutter. Ihre Mutter hatte ihr einen Brief mit einer aus dem Gedächtnis gezeichneten Karte geschrieben, um ihr zu erklären, wo sie Sie gelassen hatte. Für den Fall, dass es schiefgehen würde. Ihre Eltern sind, wenige Tage nachdem Ihre Mutter aus La Ferté zurückgekommen war, deportiert worden. Das ist die Geschichte, die man Madeleine erzählt hat, der Tochter von Nicole und Henri Olfinger, die erst nach dem Krieg geboren wurde. Ihre Geschichte. Als sie Sie bei sich aufnahmen, hatten sie gerade geheiratet. Henri ist vor einigen Jahren gestorben, aber Nicole lebt noch. Sie wohnt in einem Altenheim dort in der Gegend. Sie ist neunundneunzig Jahre alt.«

Michka sitzt mir gegenüber. Tränen laufen ihr über die Wangen, sie gibt keinen Laut von sich.

Ich nehme ihre Hände, sie sind so kalt, dass ich fürchte, ihr Herz habe aufgehört zu schlagen.

»Geht es? Soll ich weitererzählen?«

Sie nickt.

»Ich habe Nicole Olfinger besucht. Sie ist blind und schwerhörig. Aber sie ist noch völlig bei Verstand. Ich habe ihr von Ihnen erzählt. Ich sagte ihr, Sie hätten nach ihr und ihrem Mann gesucht. Aber ihren Namen nicht gewusst. Sie hat es verstanden. Ich habe mir erlaubt, ihr zu sagen, wie wichtig es heute für Sie ist, ihr Ihren Dank auszusprechen. Wissen Sie, sie war sehr gerührt. Ich sagte ihr, Sie würden so glücklich sein zu erfahren, dass sie noch am Leben ist. Zu erfahren, dass es noch nicht zu spät ist. Als ich sie fragte, wie sie diese drei Jahre hätten aushalten können, sagte sie mir etwas, das ich Ihnen wiederholen wollte: ›Zum Schlimmsten sagt man Nein.

Und danach hat man keine Wahl mehr.‹ Und außerdem sagte sie: ›Man darf wegen dieser Sachen nicht eitel werden.‹«

Michka hat jetzt die Hände vors Gesicht geschlagen.

»Wissen Sie, Michka, ich habe auch geweint, als ich aus ihrem Zimmer kam.«

Einige Minuten lang bleibt sie so sitzen.

»Ganz schön viele Emotionen auf einmal, nicht wahr?«

Sie antwortet nicht. Aber ich höre ihren Atem und wie entschlossen sie das Schluchzen unterdrückt.

»Im Frühjahr könnten wir versuchen, Sie dorthin zu bringen. Wer weiß?«

Sie lässt die Hände sinken und sieht mich an.

»Ja … aber … ich bin so … ausgeschöpft. Vielleicht.«

»Wenn Sie mögen, komme ich morgen mit meinem Briefblock und helfe Ihnen, den Brief zu schreiben. Okay?«

»Oje.«

Als ich am nächsten Tag komme, sitzt sie an ihrem Schreibtisch.

Bereit.

Ich setze mich zu ihr.

Ich schiebe den Block vor sie und gebe ihr einen meiner Bleistifte. Ich weiß, dass sie weder Kulis noch Filzschreiber mag. Sie möchte ausradieren und neu anfangen können.

Einige Minuten lang sitzt sie mit dem Stift in der Hand da. Sie wartet auf die Wörter.

Ich weiß, wie rar sie inzwischen sind. Fern, vergraben, vermischt.

»Soll ich Ihnen helfen, Michka?«

Sie schüttelt den Kopf.

Ich entferne mich ein bisschen von ihr.

Ich setze mich auf das Fußende des Bettes und sehe aus dem Fenster.

Wir haben alle Zeit der Welt.

Ich sehe, wie sie schreibt. Sehr langsam. Etwa ein Dutzend Wörter. Ihre Hand zittert, aber sie strengt sich an. Ich weiß, in diesem Augenblick gibt sie alles, alles, was ihr noch geblieben ist. Sie verschießt ihr letztes Pulver.

Ich höre das Geräusch des Bleistifts auf dem Papier. Sie drückt ihn fest auf.

Fast hätte ich Lust, mich auf ihrem Bett auszustrecken und ein bisschen einzunicken. Denn ich fühle mich in diesem Zimmer, in der Nähe dieser alten Dame seltsam geborgen.

Sie ist fertig.

Sie faltet den Bogen zusammen.

Ohne darauf zu schauen, schiebe ich das Blatt in den Umschlag und verschließe ihn vor ihren Augen. Vor allem darauf hat sie ein Anrecht, auf diese Würde. Ich schreibe die Adresse von Nicole Olfingers Altenheim und die Zimmernummer auf den Umschlag.

»Ich werfe ihn gleich ein, wenn ich aus dem Haus gehe.«

Sie nickt zustimmend.

»Sehen wir uns am Donnerstag?«

Wieder nickt sie, erschöpft.

Doch als ich gerade gehen will, hält sie mich mit einer Handbewegung zurück.

»Und Sie? Ihr Va… Quader?«

»Ach …«

»Was tun?«

»Ich weiß es nicht, Michka.«

»Aber warum schon so lange?«

»Wissen Sie, mein Vater hat nie wirklich versucht, mich wiederzusehen. Ich glaube eigentlich, dass ihm meine Gegenwart unerträglich ist. Er kennt mich nicht. Er kennt von mir nur ein verfälschtes, verzerrtes Bild, an dem er für alle Zeit starr festhält.«

»Aber warum?«

»Ich weiß es nicht. Vielleicht einfach, weil ich nicht der

Sohn bin, den er sich erträumt hat. Als würde ihn irgendetwas an mir beleidigen. Er betrachtet mich als Feind. Er forscht nach dem Beweis, der Bruchstelle. Und dann schlägt er auf seine Weise zurück. Aber die Wörter beschädigen, wissen Sie. Beleidigungen, Beschimpfungen, Sarkasmus, Kritik und Vorwürfe prägen sich ein. Unauslöschlich. Dieser Blick, der verurteilt und nach dem Schwachpunkt sucht. Und dann die Drohungen. Sehen Sie, das hinterlässt Spuren. Danach ist es schwer, Vertrauen zu fassen. Sich selbst zu lieben. Er hat gelitten. Sehr. Das weiß ich. Die Zeit vergeht, das stimmt, da haben Sie recht. Aber kommt irgendwann ein Moment, in dem sich die Dinge besänftigen? Ich weiß nicht. Ich bin mir nicht sicher. Ich möchte es glauben. Verziehen habe ich längst. Aber ich weiß nicht, ob außerdem noch etwas anderes möglich ist. Etwas Zärtlicheres.«

Sie lässt mich nicht aus den Augen.

Als Antwort gibt sie mir Block und Bleistift zurück.

»Das muss alles darauf.«

»Worauf?«

»Auf das Papier.«

»Na schön, ich verspreche es Ihnen. Ich bringe das alles zu Papier.«

Wir sitzen uns gegenüber, sie und ich.

»Nun, Michka, Sie scheinen ja heute in Hochform zu sein, wollen wir eine kleine Übung machen, um uns aufzuwärmen? Sagen Sie mir zehn Wörter, die sich auf Haus reimen.«

Sie antwortet wie aus der Pistole geschossen.

»Maus, Laus, Schmaus, Applaus, kraus, Strauß, geradeaus, Nikolaus, in Saus und Braus.«

»Wunderbar! Man merkt gleich, dass Sie Expertin sind. Und jetzt Wörter, die sich auf …«

»Tod reimen.«

»Äh… Na ja … Wenn Sie wollen.«

»Nein, jetzt sind Sie dran, los.«

»Na schön. Rot, Brot, Jod.«

»Ist das alles?«

Es macht ihr Freude, mich zu necken.

»Ich helfe Ihnen: Boot, Pilot, Chaot, Schlot, Not, Code, Despot.«

»Bravo, Michka, Sie sind eben doch die Bessere!«

Dann lasse ich zu, dass wir vom Schweigen umfangen werden, einem Raum, den man nicht mit jedem teilen kann.

Doch nach einer Weile drängt es mich wieder, etwas zu sagen.

»Michka, das sage ich Ihnen ganz offen, ich finde es schrecklich, wenn die Leute fortgehen, ohne Bescheid zu sagen.«

»Ich weiß nicht, was Sie meinen.«

»Man müsste vorgewarnt werden. Wenn die Leute bald sterben. Ob nun freiwillig oder nicht, das ist mir egal, das ist schließlich deren Sache. Aber man müsste einen Brief erhalten, eine Mitteilung, eine SMS, eine Nachricht auf dem Anrufbeantworter, eine Mail oder was auch immer, irgendetwas sehr Klares, Unzweideutiges: Achtung, Monsieur X, Madame Y, Ihr Vetter, Ihre Freundin, Ihr Mann, Ihr Nachbar, Ihre Mutter könnte in naher Zukunft oder sogar unverzüglich und jetzt gleich sterben. Scheiße aber auch.«

Ich rege mich ohne jeden Grund auf, Michka wirkt betroffen. Ich versuche, es ihr also zu erklären.

»Es ist wirklich so, am Ende wird es schwierig. Man glaubt immer, man hätte noch genug Zeit, die Dinge zu sagen, und dann ist es plötzlich zu spät. Man glaubt, es würde reichen, wenn man es zeigt, herumgestikuliert, aber das stimmt nicht, man muss es sagen. *Sagen*, dieses Wort, das Sie so sehr lieben. Wörter sind wichtig, aber Ihnen brauche ich das ja nicht zu erklären, Sie waren Korrektorin bei einer großen Zeitschrift, wenn ich nicht irre.«

»Was möchten Sie denn sagen?«

»Ich habe keine Ahnung! Zwei, drei Sachen auf den Weg mitgeben … ›Es war schön‹, ›Ich freue mich so, Sie kennengelernt zu haben‹, ›Ich fühle mich geehrt‹, ›Sehr erfreut‹, ›Gute Reise‹, ›Alles Gute im Unbekannten‹, ›Danke für alles‹, ich weiß auch nicht! Oder einfach nur … Sie in die Arme nehmen.«

»Aber bitte.«

Ich gehe auf sie zu. Ich spüre, wie ihr zerbrechlicher Körper sich an meinen lehnt, erst noch vorsichtig, doch dann gibt sie sich der Umarmung hin.

Plötzlich erfüllt die Stimme von Jacques Brel den kleinen Raum.

Wir deuten ein paar Tanzschritte an.

Une valse à cent temps
Une valse à cent ans
Une valse ça s'entend
À chaque carrefour
Dans Paris que l'amour
Rafraîchit au printemps ...[3]

Sie ist es, die sich losmacht.

»Jetzt träumen Sie aber, Jérôme, meinen Sie nicht auch? Nun, ehrlich gesagt weiß ich nicht, ob ich diejenige bin, die träumt, oder ob Sie träumen! Aber das hier ist ein Traum, da bin ich sicher.«

Jérôme

Sie hat mir sofort gefallen.

Ich habe sie erkannt, ja, das ist das Wort.

Ich habe gedacht: Ich nehme alles.

Das Lächeln, die Traurigkeit, die Augenringe.

Das kleine Mädchen, das ohne Mantel in den Park hinausgelaufen ist.

Die junge Frau mit dem dicken Bauch, der aus dem Mantel ragt.

Das Baby, das Badewasser, den beschlagenen Spiegel.

Marie

Es gibt all diese konventionellen, unbeholfenen Worte, die man in solchen Fällen sagt.

Um die anderen zu trösten. Ihren Schmerz möglichst zu lindern. Und zugleich unseren.

»Sie haben Ihr Bestes getan«, »Sie waren ihr sehr wichtig«, »Gut, dass Sie da waren«, »Er liebte Sie sehr«, »Sie sprach oft von Ihnen«.

Niemand wird uns widersprechen.

Heute Morgen hat Michka die Augen nicht geöffnet, als der Wecker klingelte.

Sie ist im Schlaf gestorben.

Der schönste Tod, den sie sich erhoffen konnte.

Das weiß ich.

Bevor sie alles verloren hätte.

Jérôme, der Logopäde, kommt auf dem Gang zu mir.

Es scheint ihn sehr getroffen zu haben.

»Guten Tag, ich bin Jérôme.«

»Guten Tag, ich bin Marie.«

»Ich hätte Sie lieber … unter anderen Umständen kennengelernt. Konnten Sie zu ihr?«

»O ja. Ich habe den ganzen Vormittag bei ihr gesessen. Bevor sie abgeholt wurde. Sie wirkte friedlich. Ihr Gesicht war ruhiger. Als wäre sie einfach so eingeschlafen, mit der tröstlichen Sicherheit, nicht mehr aufzuwachen.«

Einige Sekunden lang weicht sein Blick mir aus, er flieht weit weg, zu einem düsteren Gedanken. Und dann sind seine Augen wieder da.

»Man hat nichts Spezielles gefunden? Ich meine … Hat der Arzt irgendetwas gesagt?«

»Nein. Nichts weiter. Sie ist im Schlaf gestorben und hat nicht gelitten. Davon träumen wir doch alle, oder?«

»Ja, natürlich.«

Er betrachtet mich, zögert einen Augenblick.

»Und wie geht es Ihnen, Marie? Ist es nicht zu … schwerlich?«

Ich lächle.

»Doch. Aber nicht so.«

Jetzt lächelt er.

»Ich wollte Ihnen ein großes Dante sagen, Jérôme. Wenn ich Sie Jérôme nennen darf. Für das, was Sie für Michka getan haben. Dorthin zu fahren. Ich habe auch manchmal daran gedacht, aber ich habe es nicht gewagt. Ich hatte Angst, es wären zu heftige Gefühlsbewegungen für sie, sie wäre nicht stark genug dafür. Aber Sie hatten recht.«

»Wissen Sie, sie hat mir viel gegeben. Enorm viel. Ich weiß auch nicht, warum man für manche Patienten mehr Zuneigung empfindet als für andere. Aber ich hätte ihr auch Dante sagen müssen.«

»Ich glaube, das haben Sie auf Ihre Weise getan. Kommen Sie zur Beischätzung?«

»Ja, oje.«

»Es gibt Schnittchen.«

»Hoffentlich mit Lauerwurst!«

»Ich sorge dafür. Und mit Pax.«

»Und wenn Sie Hilfe beim Ausräumen des Zimmers brauchen, bitte melden Sie sich. Ich bin ja ganz oft hier im Haus, wissen Sie.«

»Danke.«

»Bis bald also?«

»Ja, bis bald.«

Ich sehe ihm nach, als er durch den Flur geht. Er betritt ein anderes Zimmer.

Durch die Tür höre ich seine klare Stimme.

»Nun, Madame Lefébur, wie geht es Ihnen heute?«

Anmerkungen

1 Ein Volkslied mit traurigem Ende, die Wirtin ist die Frau des armen Soldaten, hat aber, da er als gefallen galt, wieder geheiratet. Hier eine freie Übersetzung:

Armer Soldat kehrt aus dem Krieg zurück,
ganz sacht.
Armer Soldat kehrt aus dem Krieg zurück,
ganz sacht.
Schlecht gerüstet und schlecht gekleidet,
am einen Fuß 'nen Schuh, den anderen nackt,
ganz sacht.
Und kehrt bei einer Wirtin ein,
ganz sacht.
Und kehrt bei einer Wirtin ein,
ganz sacht.
»Man bringe ihm weißen Wein,
damit der Soldat sich auf dem Weg erfrischt!«
Ganz sacht.

2 Die Beschissenheit der Dinge. Belgien/Niederlande 2009

3 Jacques Brel, *La Valse à Mille Temps*, 1959 (Text: Jacques Roman Brel, Éric Blau), Warner Chappell Music France / Les Éditions Jacques Brel.

Ein Walzer im Hundervierteltakt / Ein Walzer von hundert Jahren / Einen Walzer, den hört man / an jeder Kreuzung / in Paris, das die Liebe / im Frühling erfrischt …

Von Delphine de Vigan sind bei DuMont außerdem erschienen:

Nach einer wahren Geschichte
Tage ohne Hunger
Loyalitäten
Ich hatte vergessen, dass ich verwundbar bin
Die Kinder sind Könige

MIX
Papier | Fördert gute Waldnutzung
FSC® C014496

Das bei der Produktion dieses Buches entstandene CO_2 wurde durch die Finanzierung von Klimaschutzprojekten kompensiert: climate-id.com/17531-2110-1001/de

3. Auflage 2025
DuMont Buchverlag, Köln

Die französische Originalausgabe erschien 2019 unter dem Titel ›Les gratitudes‹ bei JC Lattès, Paris.

Übersetzung: Doris Heinemann
Umschlaggestaltung: Lübbeke Naumann Thoben, Köln
Umschlagabbildung: Suteishi/Gettyimages
Satz: Fagott, Ffm
Gesetzt aus der Minion
Druck und Verarbeitung: GGP Media GmbH, Pößbeck
Gedruckt auf säurefreiem und chlorfrei gebleichtem Papier
Printed in Germany
ISBN 978-3-8321-6580-2

www.dumont-buchverlag.de

—

»Frankreichs neue Starautorin Delphine de Vigan hat ein fesselndes Buch über eine zerstörerische Frauenfreundschaft geschrieben.«

MARTINA MEISTER, DIE WELT

352 Seiten / Auch als eBook

Zwei Frauen lernen sich auf einer Party kennen. Die zurückhaltende Delphine, die sich mit fremden Menschen meist sehr schwer tut, ist sofort fasziniert von der klugen und eleganten L., die als Ghostwriter arbeitet. Doch keiner kennt L., und so ist Delphine allein, als sie feststellt, dass L. ihr immer ähnlicher wird …

www.dumont-buchverlag.de DUMONT